À tous ceux qui veillent sur la mémoire des pierres.

C. C.

Merci à ma famille, Olive et Alain, Val et So, Lu&Mu&Po,
JY et Marjo, Raph et Delphine et à toute la famille, Zuzu et Julien.

F. J.

À l'Opéra Garnier, la loge n° 5 est toujours réservée au « Fantôme de l'Opéra ». C'est écrit sur la porte ! Dans les jardins de Versailles, si l'on prête l'oreille, le murmure des fontaines peut se confondre avec les rires des dames de la cour du Roi-Soleil. Et dans sa chapelle, la Vierge noire de Rocamadour n'a pas encore livré tous ses secrets. Les monuments de France ont forgé de merveilleuses légendes et leur construction fut palpitante. De la plaine d'Alsace aux arènes de Nîmes, en passant par le Mont-Saint-Michel et les châteaux de la Loire, ce livre vous invite à un voyage extraordinaire. Les ponts-levis s'abaissent, les souterrains se découvrent, des héros imaginaires croisent des rois et des personnages illustres qui ont laissé derrière eux d'étonnantes inventions ou de délicieuses recettes.
Derrière les pierres se cachent de fabuleuses histoires.

La visite peut commencer...

Remerciements très spéciaux à mes parents et à ma sœur Marie-Laure pour leur relecture,
leurs prêts d'ouvrages et leur soutien pendant ce tour de France.
Un grand merci aussi à Muriel, passionnée d'Histoire et de belles histoires.

C. C.

FLEURUS
Illustration de couverture : **Perrine Arnaud**

Direction : Guillaume Arnaud • Direction éditoriale : Sarah Malherbe
Édition : Anna Guével, assistée de Marion Faivre d'Arcier
Direction artistique : Élisabeth Hebert • Conception graphique : Amélie Hosteing
Mise en pages : les PAOistes • Fabrication : Thierry Dubus, Audrey Bord

Site : www.fleuruseditions.com • ISBN : 978-2-2151-2132-9 • MDS : 651 741

« Loi n° 49-956 du 16 juillet 1949 sur les publications destinées à la jeunesse. »

N° d'édition : 13144 • Photogravure : Turquoise
Achevé d'imprimer en septembre 2013 par Toppan Leefung, en Chine
Dépôt légal : octobre 2013

HISTOIRES & LÉGENDES des MONUMENTS de FRANCE

Textes adaptés et écrits par Christelle Chatel

FLEURUS

Sommaire

La légende de saint Cornély

Les alignements de Carnac

Le vent souffle fort contre les murs de la ferme. Jakez et sa petite sœur Aelig aident leur mère à poser les bols remplis de soupe de fèves sur la table.

La pauvre femme, épuisée par sa journée de labeur, ne remarque pas les nouveaux vêtements que portent ses enfants. Aelig et Jakez gardent encore, rien que pour eux, le secret de leur provenance…

Cet après-midi, ils jouaient aux osselets sur la plage quand leur regard fut attiré vers la mer. Éblouis par le soleil, ils se demandèrent si les deux bœufs chargés de bagages qui s'avançaient dans le clapotis des vagues étaient bien réels. Un vieil homme vêtu d'un manteau rouge, une crosse à la main, marchait entre les bêtes, un sourire bienveillant aux lèvres.

« Bonjour, les enfants, je m'appelle Cornély, et vous ?

– Aelig et Jakez. Vous êtes venu à pied depuis la mer ? »

L'homme répondit simplement, ses vêtements aussi secs que s'ils n'étaient jamais sortis de l'eau :

« J'ai fait un long voyage. Tu as froid, petite fille », ajouta-t-il en effleurant la robe d'Aelig.

La fillette sentit soudain sur ses épaules la chaleur d'une cape.

L'homme marchait, d'un pas décidé, en direction des champs. Sa crosse toucha les sandales de Jakez qui découvrit, un peu effrayé par ce prodige, que ses pieds étaient désormais protégés par des chaussures fourrées.

« Vous… voulez labourer ? s'étonna Aelig. Mais la terre de ces champs est aussi dure que de la pierre.

– Et nos réserves de blé sont… vides ! souffla Jakez.

– Je sais… »

Cornély n'ajouta rien d'autre et mit ses bêtes au travail, pendant que Jakez et Aelig l'observaient, de plus en plus intrigués.

« Il se fait tard, les enfants, rentrez chez vous ! » ordonna-t-il au bout d'un moment, en leur offrant des framboises, tirées de la manche de son grand manteau.

La Gaule fut occupée par l'armée romaine de 52 avant J.-C. à 486 après J.-C. L'envahisseur cherchait à assoir son pouvoir en imposant notamment sa langue et sa religion.

Les coups contre la porte font sursauter Jakez et le sortent de sa rêverie. Quand son père ouvre, un centurion romain pénètre aussitôt dans la pièce, laissant ses soldats dehors. C'est un véritable géant. Aelig fixe son casque orné d'une crête rouge, et les cinq serpents gravés sur les bandes de métal de son armure. Elle déteste les soldats. Ils lui font peur.

« Nous cherchons un homme, accompagné de deux bœufs. L'avez-vous vu ? »

Les parents nient, étonnés par une telle question. Et leurs enfants gardent la tête baissée.

Le Géant du Manio est un menhir qui culmine à 6,50 mètres de hauteur, au milieu d'une clairière, isolé des autres menhirs des alignements de Kermario, à Carnac. Il intrigue par ses cinq serpents gravés dans la pierre et les cinq haches polies qu'on a retrouvées, enterrées à son pied.

« Notre empereur Trébonien Galle a ordonné l'arrestation du pape de ces maudits chrétiens ! tonne le centurion. Alors, si vous le voyez, prévenez-nous immédiatement ! »
Et le Romain, dans le souffle du vent glacial, repart dans la nuit.

Dans leur lit, Aelig et Jakez ont du mal à dormir. Avant que le coq ait chanté, ils se faufilent discrètement hors de la ferme et partent, dans les brumes de l'aube, à la recherche de Cornély.
Dans le champ, ils constatent, émerveillés, que le blé a commencé à pousser.
« Cornély ! Où êtes-vous ? Vous êtes en danger ! » appelle Aelig.
Les mugissements des bœufs lui répondent.
« Il est dans le bois de Kermario ! » s'écrie Jakez.
Les deux enfants courent et aperçoivent enfin le vieil homme, sa crosse brandie dans les airs, ses bœufs derrière lui. Il semble attendre quelque chose.
« Oh, non ! Les Romains ! » s'affole Aelig.
Les soldats s'avancent, sur deux rangées parfaitement alignées, en direction de Cornély.
« Venez vite ! » supplie Jakez.
L'homme ne bouge pas et leur murmure : « Cachez-vous derrière les bœufs ! »
Aelig se serre très fort contre son frère. Jakez s'attend au pire pour le vieil homme.
Il voit alors un éclair déchirer le ciel dans un vacarme assourdissant. Puis un vent, très violent, l'oblige à fermer les yeux.
Soudain, tout est calme. Le ciel s'éclaircit, comme si un voile venait d'être levé. Les deux enfants restent bouche bée. Face à eux, sur deux rangées parfaitement alignées, des blocs de pierre grise, immenses, se dressent face au soleil.
« Les sol… les sol… les soldats ! bredouille Aelig. Il les a transformés ! »
Cornély, au loin, a déjà repris son chemin, accompagné de ses deux bœufs. Il se retourne et leur lance, de sa voix calme, son éternel sourire aux lèvres : « Au revoir, les enfants ! »

Jakez et Aelig vinrent chaque jour vérifier que les pierres étaient toujours là. Ils se demandèrent longtemps pourquoi le centurion n'était pas avec ses soldats, ce matin-là, avant de découvrir, dans la clairière toute proche, un menhir géant, gravé de cinq serpents.

La victoire de Leonius

Les arènes de Nîmes

« Leonius ! Jette ton filet ! »

Dans l'arène de l'école des gladiateurs de Nemausus[1], le doctor Latinus perd patience. Son élève rétiaire[2] s'est déjà laissé vaincre à trois reprises ce matin par son adversaire, Fulgur le secutor[3].

« Oh, non ! » se lamente Latinus.

Leonius vient de s'enrouler dans les mailles de son filet et tombe lourdement sur le sable, sous les rires des autres élèves. Simulant son exécution avec son épée en bois, Fulgur ricane sous son casque.

« Demain, prépare-toi à mourir pour de vrai ! »

Tous les citoyens en parlent sur le forum : le grand jour des jeux approche.

Pendant le banquet offert aux gladiateurs en cette veille de combat, Leonius est incapable d'avaler une bouchée de chevreau au miel. Il est terrorisé à l'idée que ce soit son dernier repas.

Son ami Magnus tente de le réconforter.
« Dès que tu entendras ton nom crié par le public, ta force sera décuplée.
– Facile à dire, tu es le meilleur des hoplomaques[4] ! » soupire Leonius.
Il aurait tant voulu être un champion comme son père, le Grand Leonius !
Tout en jetant des coups d'œil discrets autour de lui, Magnus lui chuchote : « Quand j'étais esclave chez un vigneron, on m'a parlé d'un ermite qui vit dans la garrigue. Il fabriquerait des potions aux pouvoirs… extraordinaires ! »
Le visage de Leonius s'illumine.
« Penses-tu qu'il pourrait m'aider à devenir invincible ? »
Au milieu de la nuit, Leonius et Magnus quittent discrètement leur dortoir et se faufilent dans le dédale des couloirs. Sans autre choix, ils s'échappent par le souterrain nauséabond des égouts. Au bout d'un trajet qui paraît interminable, ils atteignent enfin les remparts de la ville.

Les armes des élèves gladiateurs étaient en bois pour éviter qu'ils ne se blessent avant le jour du vrai combat, et aussi pour les dissuader de s'échapper de l'école. Comme les esclaves, ils n'étaient pas libres d'aller où ils voulaient.

Emmitouflés dans leur cape, les deux gladiateurs s'enfoncent dans la garrigue. À la lueur des étoiles, Magnus aperçoit soudain un gros chêne vert et l'entrée d'une grotte.
« C'est ici ! s'écrie-t-il. Hurluberlus ! Vous êtes là ? »
Un vieillard aux cheveux et à la barbe hirsutes apparaît.
« Pourquoi me réveillez-vous, jeunes gens ? » demande-t-il en ajustant sa tunique toute trouée.
Après avoir raconté son histoire, Leonius attend avec inquiétude, dans la grotte, la réponse du sorcier.
« Je veux bien te fabriquer une potion pour te rendre plus fort que douze gladiateurs réunis mais, en échange, je veux… »
Hurluberlus pose son doigt noueux sur l'épaule de Leonius.
« … cet objet en bronze ! »
Ce protège-épaule, orné d'une tête de lion, lui vient de son père, mais Leonius accepte. Désormais, il sera invulnérable !
Hurluberlus fait chauffer son chaudron et s'empare d'alambics aux formes biscornues.
« Tournez-vous ! ordonne-t-il. Mes ingrédients sont secrets ! »
Puis, très vite, le sorcier s'exclame : « C'est prêt ! Auriez-vous une gourde ? »
Magnus en a une sur lui.
« Je garderai la potion pour toi sur le chemin du retour, précieusement », dit-il à son ami.

Le jour se lève quand Leonius et ses camarades rejoignent les galeries souterraines de l'amphithéâtre. Magnus refuse de boire un peu de potion.
« Tu n'en as pas besoin ! » reconnaît Leonius, sans remarquer que Magnus, rouge de confusion, se hâte d'enfiler son casque à aigrette.
Leonius boit et, soudain, il s'immobilise. La majesté des arènes, les arcades, les rangées de gradins remplies de spectateurs qui s'élèvent dans une harmonie parfaite jusqu'à la toile tendue du velum, le subjuguent. Sur cette piste, immense, il se sent tout petit.
« Potion, aide-moi », murmure le rétiaire.
Après le défilé de présentation, Leonius attend dans sa cage d'être hissé à la surface. Il entend près de lui des mugissements et des raclements de sabots.

Une fois dans l'arène, il comprend qu'il va devoir affronter... un taureau sauvage !
« Leonius ! Leonius ! » crient les spectateurs.

Le forum est une place publique où les citoyens marchandaient ou traitaient d'affaires politiques ou religieuses. À Nîmes, il se situait au pied du temple romain aujourd'hui le mieux conservé au monde : la Maison Carrée.

Ressentant la force de la potion, le gladiateur bondit littéralement sur l'animal et le capture dans son filet, sans lui laisser le temps de se défendre.

L'après-midi, au son des trompettes, Leonius, sûr de son pouvoir, soulève à bout de bras un mirmillon[5] et le fait tournoyer dans les airs, avant de l'assommer.

Les applaudissements de la foule retentissent de plus belle.

Quand vient son tour, Fulgur le secutor se méfie, à présent. En deux coups de trident, Leonius lui ôte son glaive, puis son bouclier, et le met à terre.

Le doctor Latinus, assis près de l'editor des jeux, a du mal à en croire ses yeux.

« Je suis le plus fort ! » hurle Leonius en levant son trident, signe de victoire.

Épuisé, le cœur léger, Leonius retrouve Magnus le soir, dans les vestiaires.

« Leonius… Il faut que je t'avoue quelque chose…

– Oui… l'encourage son ami.

– J'ai perdu ma gourde cette nuit, dans les égouts… Ce que tu as bu ce matin, dans une gourde volée à Fulgur, c'est… un peu d'huile d'olive, mélangée à du vin. »

Leonius écarquille les yeux, puis il éclate de rire.

« Tu ne m'en veux pas ? s'étonne Magnus.

– Bien au contraire ! Grâce à toi, j'ai découvert que, pour gagner, il suffit d'y croire… très fort ! »

1. Nom que portait Nîmes quand elle était une colonie de l'Empire romain. 2. Combattant avec filet et trident. 3. Adversaire classique du rétiaire, armé d'un glaive et d'un bouclier. 4. Adversaire du mirmillon équipé d'un poignard, d'une lance et d'un petit bouclier. 5. Gladiateur à grand bouclier, qui combattait le rétiaire avant l'apparition du secutor.

La Vierge de Rocamadour

Rocamadour

Il fait chaud, sous le soleil des Causses du Quercy, et Isaure a mal aux pieds. Elle a l'impression que cette marche jusqu'à Rocamadour ne finira jamais. Mais elle ne se plaint pas. Il lui suffit de regarder son petit frère, harnaché sur le dos de son père, pour se convaincre de l'intérêt de ce pèlerinage. Éloi est privé de l'usage de ses jambes, en raison d'un mal étrange. Isaure se rapproche de sa mère et s'aide, comme elle, de son bourdon[1] pour ne pas trébucher sur les cailloux.

« Maman, raconte-nous encore l'histoire de la Vierge noire ! » demande-t-elle.

Sa mère reprend son souffle, et commence…

Il y a très longtemps, Zachée, disciple de Jésus, a traversé la Méditerranée et s'est réfugié dans une grotte. Dans sa besace, il portait avec lui une statuette de bois foncé, sculptée par saint Luc l'évangéliste, à l'image de Marie, la mère de Jésus. Ce rocher qu'il n'a jamais quitté, jusqu'à sa mort, a valu à Zachée le nom d'Amadour, « celui qui aime », puis le nom de « Rocamadour », « le rocher de celui qui aime ».

« Le corps d'Amadour a été retrouvé il y a tout juste six années, intact, continue son père. Et le *Livre des Miracles*[2] atteste que la Vierge noire a réalisé plus de 127 miracles.

– Elle va guérir Éloi, alors ? s'inquiète Isaure.

– Prie-la, de toutes tes forces », l'encourage sa mère.

Le Grand Escalier compte 200 marches et relie le village de Rocamadour aux sept sanctuaires de la Cité religieuse. Certains pèlerins le gravissaient à genoux en récitant des prières.

La petite fille espère surtout voir de près cette Vierge, si précieuse.
« Regardez ! Nous sommes arrivés au Montjoie ! » crie son père.
C'est l'ultime étape. Face à eux, le soleil couchant illumine le village de Rocamadour et son sanctuaire accrochés à la falaise, vertigineuse.

Comment dormir ? Dans l'auberge où son père a décidé de faire halte, Isaure est affolée par le nombre de pèlerins qui affluent. Ils viennent de tous les horizons, parfois même d'Orient. Ils sont paysans, riches marchands, malades ou reconnaissants d'avoir été guéris. Comment pourra-t-elle parler à la Vierge, parmi cette foule ? Isaure se retourne dans son lit et, enfin, elle se décide. À pas de loup, elle sort de l'auberge. Elle franchit les marches du Grand Escalier comme dans un songe. Sur le parvis, de rares pèlerins sont endormis, à même le sol. Isaure ouvre lentement la porte de la chapelle miraculeuse. Soudain, elle sursaute. La cloche, accrochée à la voûte, se met à tinter toute seule.
« Encore un bateau sauvé du naufrage ! » bredouille un homme, derrière elle, dans son sommeil.
Isaure s'avance vers l'autel, impressionnée par les ex-voto[3] déposés le long des murs. Il y a des béquilles de miraculés, des maquettes de navires. Et tout à coup, elle la voit ! La Vierge noire semble l'accueillir, en haut de son retable[4].
« Comme elle est petite ! » s'étonne Isaure.
Pour s'approcher, elle prend appui sur les décors sculptés et tend sa main vers la statue. Elle est si belle, avec l'Enfant Jésus posé sur son genou, et ses yeux mi-clos.
« Notre Dame, faites que mon petit frère maaarche… »
Isaure glisse et se rattrape, par réflexe, au bord du retable. Elle regarde, horrifiée, la statue vaciller, puis tomber sur le sol. Sa tête est cassée !
« Je suis désolée ! » pleure la petite fille.
Si seulement elle pouvait réparer la statue ! Isaure tente de retrouver son calme. Dans l'atelier de son père, maître orfèvre, elle a appris à manier les outils et les métaux précieux. En plus, elle est sûre d'avoir reconnu l'enseigne d'une boutique, au bas du Grand Escalier. Vite, elle cache la Vierge sous son manteau et sort de la chapelle.

Heureusement, l'échoppe n'est pas fermée à clé ! Isaure pose la statue sur l'établi et se met au travail. Quelques heures plus tard, elle finit de marteler la couronne de vermeil qui camoufle les marques des éclats de bois dans la chevelure de la Vierge. Elle en a ajouté une autre sur la tête de l'Enfant Jésus, tout aussi ouvragée, et elle a ciselé sur le cou de Notre Dame un fin collier doré qui fait tenir sa tête. Avant le réveil de l'orfèvre et des pèlerins de Rocamadour, la petite fille repose sur son retable la Vierge noire, désormais couronnée. Il lui semble que ce doux sourire, sur le visage de bois, est nouveau.

« Isaure ! Où étais-tu passée ? »
À l'auberge, sa mère devrait être en colère, mais un rayon de joie illumine son regard.
« Un nouveau miracle a eu lieu, cette nuit », rit son père.
Isaure ose à peine y croire, mais une petite silhouette s'avance vers elle, les bras tendus.
« Regarde, Isaure ! Je marche ! » s'écrie Éloi.

1. Long bâton de pèlerin. 2. Publié en 1172. 3. Objet ou inscription déposé dans une église suite à la suite d'un vœu ou en remerciement d'un vœu exaucé. 4. Construction verticale, avec un décor peint ou sculpté, placée sur ou derrière l'autel d'une église.

Une mission secrète

Provins

À l'Hostellerie de la Croix d'Or, ce jour de foire de septembre 1240, le jeune Lothaire sert des verres d'hypocras[1] aux marchands venus des quatre coins de France, d'Europe, et même d'Égypte. Il est en train de recompter avec soin ses deniers provinois quand son père l'interpelle.

« Un homme est souffrant, là-haut. Va voir s'il a besoin de quelque chose ! »

Lothaire ouvre doucement la porte de la chambre et tire les rideaux de drap bleu. L'homme couché sur le lit a gardé près de lui son épée, au pommeau serti de pierres.

« C'est un chevalier ! » pense le garçon, impressionné.

« Approche, petit ! Je me nomme Guillaume de Saint-Brice », souffle l'homme.

Il trempe ses lèvres dans le gobelet d'eau que lui tend Lothaire.

« Je suis épuisé par un très long voyage. Accepterais-tu de remplir une mission de la plus haute importance… à ma place ?

– Euh, oui… répond Lothaire.

– Remets ceci, en mains propres, au comte Thibaud IV », explique le chevalier en tirant de son surcot une boîte en bois délicatement ouvragée.

Lothaire ose à peine la toucher.

« Comment pourrais-je me présenter au palais ? Les gardes ne me laisseront jamais entrer ! »

En traversant la place du Châtel, animée par la musique des troubadours, Lothaire, préoccupé, ne remarque même pas le jongleur qui lui chante un poème tout en faisant virevolter des pommes. La ville est en effervescence. Tout à l'heure, un tournoi réunira les meilleurs chevaliers.

Lothaire rejoint en hâte la rue Saint-Jean. Au moment de pénétrer dans la salle du marché couvert[2], il repense aux mots du voyageur.

« N'ouvre la boîte sous aucun prétexte ! Et ne la confie à personne ! Présente-toi à midi devant l'écrivain public et prononce… »

« Que tes pétales recouvrent mon cœur ! » répète Lothaire, tout bas, à l'homme assis près d'un pilier.

L'écrivain cesse aussitôt de faire courir sa plume sur son parchemin. D'un geste, il invite Lothaire à le suivre dans la salle basse où les marchands entreposent leurs marchandises. Puis il l'entraîne dans un dédale de galeries. Lothaire est ravi de pénétrer, pour la première fois, dans les souterrains.

Au XIIe siècle, Provins crée sa propre monnaie, LE DENIER PROVINOIS, afin de faciliter les échanges pendant les foires.

« Halte, l'ami ! Que fais-tu là ? prononce soudain une voix forte, tapie dans l'ombre.

– *Je… je possède le parfum !* » bredouille Lothaire, se remémorant les consignes du voyageur.

L'écrivain s'est volatilisé ! Un chevalier, dans une armure éclairée par la lumière d'un soupirail, apparaît face à Lothaire.

« Tu as la boîte ? s'inquiète-t-il. Pourquoi Guillaume n'est-il point là ?

– Sieur Guillaume est souffrant, répond Lothaire, avec un aplomb qui l'étonne lui-même. Il m'a chargé de cette mission pour lui. »

Le chevalier semble déçu de ne pas pouvoir remettre lui-même le trésor.

« Je me nomme Aymeric ! Il nous reste peu de temps avant le début du tournoi ! » glisse-t-il, énigmatique, en regagnant les escaliers.

LE DRAP DE PROVINS, tissé avec des fils de laine de mouton est reconnaissable à sa couleur bleu foncé, le bleu « ners ».

Dans les écuries du palais comtal, le chevalier expose son plan à Lothaire.

« Quand je te ferai signe, tu t'approcheras de notre seigneur, avec la boîte.

L'Hostellerie de la Croix d'Or existe toujours à Provins. Sa construction date en réalité de 1264. Elle n'a jamais changé d'activité et figure au *Guinness des records* comme la plus ancienne hostellerie de France.

Je te présenterai en tant qu'écuyer ! »

Il montre au jeune garçon comment fixer le caparaçon sur son cheval, quand un homme vêtu de noir surgit. C'est le chef des gardes, entouré de ses sbires à l'air mauvais.

« Je t'ai entendu, Aymeric ! Si tu crois t'attirer les honneurs du comte, tu te trompes ! tonne-t-il. Donne-moi cette boîte, tout de suite ! »

Aymeric a déjà sorti son épée, pour empêcher qu'on le fouille. Lothaire veut prendre la fuite, mais les gardes conduisent ce témoin gênant, avec le chevalier… en prison !

Dans sa cellule de la Tour César[3], Lothaire entend les trompettes annonçant le début du tournoi, porte Saint-Jean. La boîte est toujours dans la doublure de sa veste. Les gardes sont tellement stupides qu'ils n'ont même pas pensé que c'était lui qui la détenait ! Pourtant il se désole.

« Je n'aurai pas rempli ma mission ! »

Tout à coup, la porte s'ouvre.

« Aymeric ! »

Le chevalier a réussi à tromper la vigilance de leur geôlier.

« Vite ! Il faut gagner la porte Saint-Jean en passant par les remparts ! » l'encourage-t-il, vêtu de la tenue d'un soldat, et tendant un casque à Lothaire.

Ainsi déguisés, ils n'attirent pas l'attention des gardes. Lothaire brave sa peur du vide, sa peur tout court, et parvient, enfin, près des gradins. Thibaud IV, dans sa tribune, assiste à la troisième joute du tournoi. Le cœur de Lothaire bat la chamade.

« C'est le moment ! » prévient Aymeric.

Le chevalier salue son seigneur et invite son écuyer à s'avancer.

En ouvrant la boîte, le visage du comte s'empourpre alors… comme une rose, et il murmure : « Merci. »

Lothaire rentre à l'Hostellerie, heureux d'avoir réussi sa mission.

« Tu as bien mérité de savoir la vérité, lui dit le chevalier Guillaume, assis sur son lit.

À notre retour de croisade, le comte m'a confié ce trésor pendant une attaque de brigands. Nos routes se sont séparées, mais j'ai appris par mon frère, Aymeric, que le soir du tournoi Thibaud avait un rendez-vous secret avec Blanche de Castille. En gage de son amour, il a choisi ce moment pour lui offrir le plus beau des présents : la rose de Damas ! »

La rose de Damas

Thibaud IV, comte de Champagne, aurait rapporté de croisade en 1240 un rosier des jardins du sultan de Damas. Au fil du temps, cette rose, qui a prospéré sur les coteaux de Provins, est devenue l'un de ses symboles. Et elle possède des vertus médicinales reconnues !

1. Vin sucré au miel et aux épices apprécié au Moyen Âge. 2. Aujourd'hui appelé Grange aux dîmes : maison de marchands du XIIe siècle qui servait de lieu de stockage lors des grandes foires. 3. Donjon appelé aussi « Grosse Tour », « Tour du roi » ou « Tour aux prisonniers » : protège le palais comtal, sert de prison, mais aussi de refuge en cas d'attaque de la ville.

Le secret de Jeanne

Les hospices de Beaune

Les Écorcheurs sont arrivés par surprise, dans la cour de la ferme. Il y a eu un vacarme atroce, des bris de verre, des cris. Cachée sous le lit, Jeanne retient son souffle, et ses larmes.

« Où rangent-ils leurs pièces d'or, ces vilains ? » hurle un pillard, pendant que les autres vident le coffre et renversent la table.

Soudain, un autre homme surgit dans la pièce. Les coups d'épée pleuvent ! Un à un, les voleurs tombent à terre, puis ils prennent la fuite. C'est le silence. Un visage se penche vers Jeanne, les yeux remplis de douceur.

« Don't be afraid, little girl[1] *»,* souffle l'homme.

« Un étranger ! » pense Jeanne.

À la vue de son casque, elle comprend vite que c'est un soldat ennemi…

Elle hésite, tremblante, à sortir de sa cachette. Mais l'homme lui a sauvé la vie après tout. Quand elle se lève, elle découvre qu'une large blessure saigne au bas de son ventre.

Jeanne suit le blessé dans la cour. Elle veut s'approcher de ses parents, couchés sur le ventre, mais l'homme l'en empêche. La fillette devine la triste vérité : ils sont morts.

Le soldat titube en se dirigeant vers son cheval. Il tend la main vers Jeanne.

« Vous voulez m'emmener avec vous ? s'étonne la petite fille. Avec votre blessure ? »

Jeanne a trop peur de rester ici… Et si les Écorcheurs revenaient ? Elle regarde les toits de la ville de Beaune, au loin, parmi les vignes. Sa mère lui a parlé d'un hospice où les sœurs soignent et nourrissent les pauvres. Elle réfléchit à toute allure et aide l'étranger à ôter son casque et à enfiler une vieille tunique. Puis elle monte à l'avant du cheval et s'empare des rênes. Elle ira là-bas, avec cet homme…

Les Écorcheurs
Pendant la guerre de Cent Ans qui oppose le royaume de France à celui d'Angleterre, ces bandes de soldats en déroute profitaient du chaos ambiant pour piller les pauvres gens en ne leur laissant rien sur le dos, d'où leur affreux surnom.

Une fois dans la ruelle étroite de l'Hôtel-Dieu[2], Jeanne explique au soldat, un doigt sur sa bouche, qu'il devra rester muet. Il fait partie d'une armée ennemie et elle ne veut pas que son sauveur se retrouve en prison, trahi par sa langue.

Quand la porte de l'hospice s'ouvre, Jeanne croit voir un ange. Sœur Marie-Joseph, vêtue d'un tablier blanc, la tête couverte d'un voile, se présente et leur sourit.

« Nous avons été attaqués par des pillards et demandons asile », dit la petite fille, qui a moult fois répété cette phrase dans sa tête.

La sœur fait vite apporter un brancard pour l'homme, et invite Jeanne à entrer.

« Mon père est muet », s'empresse d'ajouter cette dernière.

Une fois dans la cour d'honneur, la petite paysanne écarquille les yeux devant l'extraordinaire beauté des toits aux tuiles multicolores, disposées en motifs géométriques. La majesté des bâtiments, la galerie de bois ouvragé et les lucarnes avec leurs sculptures de plomb font ressembler ce lieu à un véritable palais !

Peu de temps après, Jeanne cherche « son père » parmi les deux rangées de lits à rideaux rouges, très impressionnantes, le long des murs de l'immense « salle des pauvres ».

Il est là, couché, les yeux clos, un pot d'étain posé sur une petite table près de lui. Jeanne éponge son front avec un linge humide. Elle se sent merveilleusement bien ici, comme protégée par cette charpente en forme de coque de bateau renversée.

Elle fixe les têtes de dragon sculptées, au-dessus d'elle, « dévorant » les poutres, quand un homme l'interpelle : « N'aie crainte ! Ils ne crachent point de feu ! »

Jeanne sursaute en apercevant le seigneur, richement vêtu, qui vient de parler. Elle ne se doute pas que c'est Nicolas Rolin, le fondateur de l'Hôtel-Dieu. Son épouse, Guigone de Salins, vient de terminer sa prière dans la chapelle, au fond de la salle, et les rejoint. Jeanne admire sa beauté et s'incline devant elle.

« Cette petite est bien maigre. Prenez soin d'elle, dit la dame à une jeune sœur. Conduisez-la à la cuisine, et donnez-lui du pain et du lait. »

Les jours passent. Jeanne aide le soldat anglais à reprendre des forces, mais elle soigne aussi les autres malades. Les sœurs ont tant à faire !

Ce qu'elle préfère, c'est retrouver sœur Élisabeth, à l'apothicairerie[3]. Elle y apprend le pouvoir de guérison des plantes et chauffe les alambics sur le

Les hospices de Beaune ont donné naissance à l'ordre religieux des Sœurs hospitalières de Beaune.

fourneau. L'autre fois, la sœur lui a même dit que son mélange de pétales de rose et de romarin avait beaucoup soulagé un malade !

Un matin, alors que Jeanne s'occupe avec elle des verrues d'une vieille femme, sœur Marie-Joseph lui dit : « Ton père a déliré cette nuit, dans son sommeil… »
Jeanne sent son cœur bondir dans sa poitrine. Il a parlé !
Mais la sœur n'ajoute rien et applique son onguent, un sourire au coin des lèvres.
Jeanne court près du lit du soldat. Il est vide !
« Où est le… enfin mon père ? demande Jeanne, de plus en plus inquiète.
– Il est parti… très tôt. Il va bien », la rassure sœur Marie-Joseph.
Elle prend les petites mains de Jeanne dans les siennes.
« Il nous a chargées de ta protection et a laissé ceci pour toi. »
Jeanne découvre un pendentif, en forme de croix. Ses yeux s'emplissent de larmes et, pourtant, elle est heureuse. Le soldat est guéri, et les sœurs ont respecté leur secret, à tous les deux.
Chaque soir, elle prie pour ses parents et pour lui. La place de Jeanne est désormais ici, auprès des Sœurs hospitalières de Beaune.

1. « N'aie pas peur, petite fille ». 2. Nom donné à l'époque à un hôpital ou « hospice ». 3. Nom ancien de la pharmacie.

La duchesse et l'hermine

Le château des ducs de Bretagne

« Duchesse, posez votre pied droit sur sa pointe, légèrement en arrière du gauche… »
Anne s'est encore trompée. Au milieu du salon du Grand Logis, cette leçon de basse danse[1] que son fidèle maître d'hôtel, Jean Meschinot, s'évertue à lui donner l'ennuie profondément.
« Laissez glisser vos pas, tout en légèreté », reprend-il, au son de la harpe qu'un musicien fait vibrer en cadence.
Depuis la mort de sa mère Marguerite de Foix, il y a deux ans, puis de son père, François II, le 9 septembre de cette année 1488, la duchesse de Bretagne, seule héritière, se voit du haut de ses 11 ans contrainte à de nombreuses obligations.
« Vous devez savoir lire, écrire, chanter et danser à la perfection », lui répète Françoise de Dinan, comtesse de Laval, désormais chargée de son éducation avec le maréchal de Rieux.
Anne ne voit pas l'intérêt de toutes ces leçons. Elle entend les coups des maillets des tailleurs de pierre dans la tour de la Couronne d'or qui relie le Grand Logis au palais

L'HERMINE est au duc de Bretagne ce que la fleur de lys est au roi de France. Au Moyen Âge, ils sont tous deux symboles de pureté. Malgré la belle légende de cette partie de chasse avec la duchesse Anne, l'hermine apparaît dès le XIIIe siècle sur les blasons bretons.

ducal[2]. Dans ce château où elle est née, les travaux commandés par son père la passionnent davantage que les danses de cour. Ce sera le plus bel édifice qu'on ait jamais construit ! Anne y veillera, de tout son cœur.
Flanquée de ses tours reliées par un chemin de ronde et protégée par ses douves, la muraille extérieure du château de Bretagne est là pour décourager leurs ennemis, même si la paix a été conclue avec les Français. François II a voulu une forteresse imprenable derrière laquelle se cachent des bâtiments à l'architecture délicate, rehaussée par cette pierre blanche de tuffeau qu'Anne adore caresser du bout des doigts.
« Avez-vous terminé ? les interrompt la comtesse Françoise, qui vient d'ouvrir la porte. Je souhaiterais étudier avec la duchesse une liste de prétendants pour son futur mariage…
– Plus tard, comtesse. J'ai besoin de prendre l'air ! » rétorque Anne, en rejoignant les loggias de la tour de la Couronne d'or.

Ce mariage si important pour les relations entre la Bretagne et le Royaume de France, Anne aimerait pouvoir l'oublier. Elle ne craint pas le destin qui l'attend, mais elle n'est point pressée de sceller son union avec un inconnu.
Du haut du balcon, la jeune duchesse aperçoit dans la cour du château, près du puits dont la couronne en fer forgé est merveilleusement dessinée, le maréchal de Rieux et ses écuyers, prêts à partir à la chasse.
« Attendez-moi ! » crie Anne, sous les aboiements des chiens.
Vite ! Elle court dans sa chambre et demande à ses servantes de l'aider à changer de tenue, pendant qu'on prépare sa monture dans les écuries. Avec son père, Anne passait de longues heures à faire mine de traquer le gibier, tout en faisant discrètement fuir les biches qu'elle ne voulait point voir occire. En franchissant le pont-levis, encadré des tours du Pied-de-Biche et de la Boulangerie, elle sourit rien que d'y penser.

Un peu plus tard, sur sa haquenée, Anne savoure cette liberté qui lui manque tant. Un sanglier vient de détaler derrière un chêne et elle a cru apercevoir deux renardeaux courant se blottir dans leur terrier. Mais soudain, les chasseurs se mettent à crier.
« C'est une hermine ! »

Les devises d'Anne de Bretagne

La tour de la Boulangerie porte les armes de la duchesse, un écu d'hermine, surmonté de la couronne ducale, et de sa devise : *Amavi* (« J'ai aimé » en latin). Il s'agit d'une déclinaison de la devise des ducs de Bretagne et de l'ordre de l'Hermine « À ma Vie ». La devise personnelle d'Anne de Bretagne en qualité de reine de France est la formule béarnaise *Non mudera* (« Je ne changerai pas »).

La petite bête, face à eux, pourrait fuir dans la mare boueuse qui se trouve juste derrière elle. Mais elle fixe les hommes de ses yeux noirs, tout en découvrant ses petites dents acérées.

Anne se rapproche au trot et s'interpose.

« Regardez comme cette hermine a du courage ! dit-elle au maréchal. Elle préfère mourir plutôt que salir sa fourrure blanche… »

Un homme bande son arc, mais la duchesse l'interrompt d'un geste.

« Laissez la vie sauve à ce noble animal ! C'est un ordre ! »

Le chasseur obéit. L'hermine file à toute allure, entre les pattes des chevaux et sous le nez des chiens, au plus profond de la forêt.

« Plutôt la mort que la souillure, pense Anne. Voilà une devise qui sied tout à fait à ma chère Bretagne. »

La toute jeune duchesse, future reine de France, n'oubliera jamais cette rencontre avec l'hermine. Comme cette petite bête, elle devra faire preuve de courage, seule contre tous, pour affronter un avenir hors du commun…

1. Danse lente et majestueuse, pratiquée dans les cours européennes entre le début du XVe et la fin du XVIe siècle. 2. Appelé aujourd'hui « Grand Gouvernement ».

Le chef-d'œuvre de Léonard

Le château d'Amboise et le Clos Lucé

Par la fenêtre de la chambre, posée sur mon chevalet, j'aperçois les tours du château d'Amboise, si proche. Le clocher de la chapelle Saint-Hubert, avec ses bois de cerf, m'intrigue et je devine la beauté des jardins à l'italienne qui se déploient sur la grande terrasse. Que se passe-t-il donc derrière les façades ornées de dentelles de pierre, si belles ? On ne m'a pas encore conduite jusque là-bas. Je suis fragile, et bien trop précieuse.

Je suis arrivée dans ce manoir du Cloux[1] il y a quelques mois, à dos de mulet, avec mon maître et ses fidèles élèves. Quel voyage périlleux, depuis Rome ! J'ai bien cru que je ne sortirais jamais de ma sacoche. Léonard a été invité par le jeune roi de France, François Ier, à s'installer dans ce lieu magnifique, qui surplombe ce fleuve appelé la Loire.

« Ici, Léonard, tu seras libre de rêver, de penser et de travailler. Je te nomme Premier Peintre, Ingénieur et Architecte du roi », lui a-t-il annoncé.

FRANÇOIS Ier estimait beaucoup le vieux Léonard de Vinci et l'appelait souvent « Mon père ».

Il faut dire que mon maître est très célèbre grâce à ses travaux et à ses inventions fort nombreux. En Italie, j'ai entendu des visiteurs le qualifier, en particulier quand ils me voient, de « génie ».

Quant au jeune roi de France, il ne manque pas de projets. Dans ce château où il a passé son enfance, la tour Heurtault vient d'être achevée, et le roi a fait surélever d'un étage le logis royal selon « son bon plaisir ». Mais ce qui l'intéresse, désormais, c'est un nouveau palais, dont il a chargé Léonard de réaliser les plans. Il aime aussi que mon maître organise pour lui des fêtes somptueuses, avec des effets sonores et lumineux qui émerveillent la cour. Il faut sans cesse inventer de nouvelles machineries. L'autre jour, j'ai entendu Mathurine, la fidèle cuisinière de Léonard, parler d'un de ces « maudits automates », un lion qui lui a « flanqué une sacrée peur » en crachant des fleurs au moment où Léonard a frappé le poitrail de l'animal mécanique.

Enfin, mon maître vient me chercher pour me conduire avec lui dans son cabinet de travail ! Il ne sort pas ses pinceaux, pas encore, mais il s'installe, ses rouleaux de papier étalés devant lui, à sa grande table en bois. Il écrit, dessine, esquisse des schémas compliqués, éclairé par le feu de la grande cheminée. Soudain, le roi entre dans la pièce. Au lieu de franchir la porte en ogive du manoir, je sais qu'il emprunte à chacune de ses visites le souterrain relié au château. C'est la première fois qu'il me verra, et j'espère que la lueur des flammes me met en valeur.

« Bonsoir, mon père ! dit le roi.

– Bonsoir, mon roi ! répond Léonard. Que dites-vous de ce dessin d'escalier à double hélice[2] ? »

François Ier ne répond pas. Il s'approche de moi, tout près. Ciel, comme son nez est grand ! Le roi examine chacun des détails de mon visage.

Il recule et s'exclame : « Ce tableau est un chef-d'œuvre ! On dirait que le sourire de cette femme disparaît, puis réapparaît ! C'est incroyable… »

Léonard sourit lui aussi, derrière sa longue barbe.

« Je serais prêt à vous en offrir… 4 000 écus d'or ! » continue le roi.

Mon maître ne veut pas se séparer de moi, je le sais.

La salle des Tambourineurs est le lieu où étaient tenus les bals et autres fêtes au château d'Amboise, des événements marqués par la présence de musiciens.

« Il n'est pas encore achevé, répond-il. Et j'aime sa compagnie… »
Oh, non ! François Ier est parti ! Peut-être qu'un jour il m'emmènera avec lui dans la salle des Tambourineurs, dont parle souvent Léonard. Il y aura un grand bal au château d'Amboise, et tout le monde pourra m'admirer ! Léonard prend sa palette d'une main et, de l'autre, il me chatouille le cou avec les poils de son pinceau. Avec délicatesse, il crée un nouvel effet de fumée vaporeuse. Me trouvera-t-il un jour vraiment parfaite ? Léonard esquisse un geste, comme s'il allait caresser ma joue, et me souffle, avant de se lever pour rejoindre sa chambre : *« Buona notte, Mona Lisa[3] ! »*

1. Ancien nom du Clos Lucé. 2. Cet escalier imaginé par Léonard de Vinci sera construit à Chambord.
3. « Bonne nuit, Mona Lisa ! »

La légende de Dame Carcas

La cité de Carcassonne

Ce matin du 6 janvier, une foule joyeuse envahit les rues de la ville basse de Carcassonne. C'est le jour des Rois ! Guilhem quitte l'échoppe de pâtissier de son père en chipant au passage une part de gâteau des Rois, délicieusement parfumé à la fleur d'oranger.

« Je vais voir grand-père ! » prévient-il.

Sous un soleil radieux, les cheveux balayés par le vent d'autan, le jeune garçon court sur le Pont Vieux qui enjambe l'Aude. La cité de la ville haute, avec sa double enceinte de murailles crénelées et ses tours aux chapeaux pointus, se dresse fièrement devant lui. Dans les escaliers qui mènent à la porte d'Aude et au palais comtal, Guilhem croise des troubadours aux habits bigarrés criant à la volée : « Grand spectacle sur le parvis de la basilique, quand sonnera midi ! Venez voir *La Légende de Dame Carcas !* »

Guilhem adore la comédie ! Et il aimerait bien savoir qui est cette Dame Carcas. Mais il doit d'abord retrouver son grand-père, porte Narbonnaise.

Guilhem aperçoit le vieux tailleur de pierre, tout à son ouvrage, juché sur un échafaudage de bois. Il s'approche et lève les yeux pour tenter de voir ce qu'il sculpte.

« C'est un secret, mais j'aurai fini… ce soir ! annonce son grand-père.

– Tu ne veux pas venir avec moi voir un spectacle ?
– Je n'ai pas le temps… mais va, mon garçon ! C'est jour de fête, profites-en ! »
Le cœur léger, Guilhem dévale les lices[1] pour rejoindre au plus vite le quartier de la basilique.

Quelques minutes plus tard, coincé entre un gros monsieur richement vêtu et une femme entourée d'enfants braillards, Guilhem se trouve face à la scène : un décor de bois représentant une forteresse.
Accompagné de son luth, un saltimbanque déclame :
Dans des temps lointains, la plus belle des cités était aux mains d'un prince sarrasin. Balaach, c'était son nom, dut un jour affronter les troupes du roi Charlemagne, bien décidé à conquérir la forteresse. Il dit « au revoir » à sa tendre épouse Carcas avant de partir, avec son armée, au combat. Très vite, il mourut sous les coups d'épée…
Guilhem observe, fasciné, les comédiens incarnant Charlemagne et Balaach mimer la bataille quand, soudain, une jolie fille le bouscule. Elle court après un porcelet, visiblement trop rapide.
« Oh, non ! se lamente-t-elle.
– Veux-tu de l'aide ? » propose Guilhem, se sentant rougir face aux grands yeux bleus de la belle, qui lui répond : « Merci, tu vas sauver le spectacle si tu l'attrapes ! »
Guilhem finit par maîtriser le pourceau et suit la jeune Ezalda derrière le décor. Avec elle, il va assister les comédiens dans des missions bien précises !
Dame Carcas était à présent la seule à pouvoir défendre la cité contre les assauts de Charlemagne, continue le saltimbanque. Elle résista, pendant cinq années, et fit croire qu'elle avait avec elle de nombreux soldats en faisant défiler, au-dessus des murailles, des mannequins de paille et en décochant des tirs d'arbalète.
« Psst, Guilhem ! C'est bientôt à toi ! » souffle Ezalda.
De dos, Dame Carcas est imposante, avec sa longue robe et sa coiffe surmontée d'une couronne. Guilhem tremble en tendant le porcelet vers la comédienne.
L'armée de Charlemagne était affamée, et Dame Carcas avait un dernier tour dans son sac pour démoraliser son adversaire…

LA VILLE BASSE, ou Bastide Saint-Louis, fut construite en 1247 avec l'autorisation de saint Louis, afin de loger les Carcassonnais dans un bourg fortifié. Elle est le centre marchand et résidentiel de Carcassonne.

Le porcelet se met à hurler et Guilhem le lâche brusquement.

Elle fit jeter par-dessus les remparts un porcelet, nourri avec le peu de blé qu'il restait, pour faire croire qu'elle avait encore des provisions à foison ! Charlemagne, s'avouant vaincu par une cité où la nourriture devait être abondante, leva le siège.

« Hourra ! » crient les spectateurs, très amusés par les sauts du petit cochon.

Ezalda demande alors à Guilhem de faire tinter des cloches avec elle.

Sire « Carcas sonne » ! crie alors un comédien au faux Charlemagne. La Dame vous rappelle… pour faire la paix !

« Bravo ! Bravo ! »

Guilhem sent son cœur bondir de joie quand il salue, avec le reste de la troupe, la foule amassée sur le parvis.

Le soir venu, il conduit Ezalda avec lui jusqu'au pont-levis de la porte Narbonnaise. Et au moment où il veut raconter le spectacle à son grand-père, il découvre, les yeux écarquillés, que la statue de pierre est celle de Dame Carcas, éternelle protectrice de la cité qui fut nommée, grâce à elle, Carcassonne.

1. Espace entre enceinte intérieure et enceinte extérieure.

La crème de monsieur Vatel

Le château de Chantilly

« Le roi arrive ! Le roi arrive ! »
Ce jeudi 23 avril 1671, la rumeur court dans les jardins du château de Chantilly. Les carrosses transportant toute la cour de Versailles viennent de passer les grilles du domaine du prince de Condé !
Perrin se faufile parmi les parterres de broderies végétales dessinés par monsieur Le Nôtre. Il se dépêche de rejoindre l'office, les poches remplies d'oranges. Son maître, monsieur Vatel, Contrôleur général de la bouche, a été chargé par le prince de Condé d'organiser trois jours de fêtes somptueuses à la gloire de Louis XIV.
« Il paraît qu'il y aura un grand feu d'artifice, ce soir ! » a annoncé Louison, la petite sœur de Perrin.
Pendant que les valets dressent les trois cents tables au décor féerique, des dizaines de charrettes chargées de volailles, de légumes ou d'énormes sacs de farine arrivent à la porte de l'office. Des milliers de convives sont attendus.
« Avez-vous vu monsieur Vatel ? Où est monsieur Vatel ? demande Perrin à la volée.
– Je l'ai vu avec un mitron en train de façonner la pâte des petits pains ! dit un boulanger.
– Il a rectifié la sauce de mon civet il y a moins d'une heure », ajoute un cuisinier.
Son maître est partout… et nulle part !

La crème Chantilly
La légende a attribué la création de la crème Chantilly à Vatel, mais rien ne le prouve. La « crème fouettée » fut dégustée dès 1650, sous l'influence de Catherine de Médicis qui la rapporta d'Italie. Et c'est en 1784 que le nom de « crème Chantilly » apparut. Vatel a-t-il inventé cette recette lors d'un dîner organisé par Fouquet pour Louis XIV à Vaux-le-Vicomte en 1661, ou lors de ce fameux séjour du roi au château de Chantilly ? Qui a eu l'idée de sucrer cette crème ? Le mystère reste entier, mais cela ne nous empêche pas de nous régaler !

La journée passe dans un tourbillon. Dans les appartements et les salons, Perrin est étourdi par le ballet des robes à paniers de ces dames de la cour. Cherchant encore et toujours son maître, il se perd derrière les décors de théâtre dressés sur la grande terrasse. Il paraît que Vatel y surveille tout, avec ses jumelles.

Perrin aperçoit enfin son maître ! Assis à une table de l'office, il semble soucieux. Un épais brouillard a gâché le feu d'artifice et…

« ... deux tables ont manqué de viande ce soir, murmure un jeune valet à l'oreille de Perrin.

– Maître ! J'ai vos oranges ! souffle le commis.

– Merci, Perrin ! » répond Vatel en froissant un billet rédigé par le prince de Condé.

« Le roi est ravi ! » a eu le temps de lire Perrin.

De ses doigts agiles, le maître fait apparaître un petit couteau entre ses doigts et découpe la peau parfumée du fruit en une corolle gracieuse.

« Faites ainsi avec les autres oranges et décorez avec cette dentelle les lumignons au centre des tables… ordonne-t-il à deux commis.

– J'ai aussi cueilli ceci tout près du Grand Canal ! » annonce Perrin en montrant un sac de toile rempli de fraises.

Vatel se lève brusquement.

« Le roi raffole des entremets aux fruits ! Vite ! Des œufs, du sucre ! crie-t-il à deux apprentis pâtissiers.

– Deux paniers d'œufs ont été renversés ce matin… bredouille l'un.

– Et les autres sont gâtés », ose à peine ajouter l'autre.

Perrin aperçoit un bol de crème toute fraîche apportée de la laiterie et y trempe, sans réfléchir, l'une des fraises, si tentantes.

« Oh ! » s'écrie Vatel.

Perrin craint une colère aussi bouillante qu'un chaudron et engloutit aussitôt le fruit. Mais Vatel sourit…

Comme par magie, il fait apparaître un fouet et une jatte dans laquelle il verse deux belles louches de crème.

« Ajoute deux poignées de sucre, Perrin… ordonne Vatel, tout en fouettant la crème vigoureusement. Encore un peu !
– On dirait qu'elle gonfle ! » constate Perrin.
Vatel attrape une coupelle en vermeil, y dépose deux cuillerées de cette crème aux délicates volutes, puis il la pose sur une petite assiette couronnée de fraises.
« Enfile une veste, et porte-la toi-même dans la chambre royale ! »
Perrin s'avance dans le grand couloir en prenant garde de ne pas renverser sa coupelle. Ses jambes tremblent un peu. Mais il s'annonce d'une voix ferme aux gardes qui surveillent la porte.
« J'apporte un présent pour le roi, de la part de monsieur Vatel. »
Perrin s'incline, puis il observe le Roi-Soleil en train de goûter ce nouveau dessert.
« C'est exquis ! dit simplement Messire. Comment se nomme cette crème ? »
Perrin répond alors, sans réfléchir une fois encore : « La crème… Chantilly ! »

Complot à la cour du Roi-Soleil

Le château de Versailles

Il est 8 heures. Le palais du Roi-Soleil s'éveille. C'est le moment que Hyacinthe préfère, celui où il a l'impression d'avoir les jardins de Versailles, dans toute leur magnificence, rien que pour lui. Ce paradis rêvé par Louis XIV, monsieur Le Nôtre l'a réalisé. Grâce à son père, maître jardinier, Hyacinthe en connaît chaque allée, chaque bosquet, chaque fontaine. Il distingue chaque essence de ces grands arbres apportés par des milliers de chariots de toute la France et replantés, selon les désirs du roi.

Le jeune garçon salue la sculpture d'Apollon, conduisant son char tiré par quatre chevaux, au milieu d'un bassin dont les jets d'eau encadrent la perspective sur le Grand Canal. Il file dans les allées, contourne le bassin de Bacchus, et atteint ensuite le parterre de l'Orangerie et ses arbres aux fruits juteux qu'il croque parfois discrètement. Une fois franchie la Grille du roi, Hyacinthe rejoint les autres garçons jardiniers. Monsieur de La Quintinie, grand ordonnateur du potager et du verger de Versailles, donne ses consignes.

André le Nôtre est le créateur des jardins à la française. Grand ami du roi, il choisit en 1675, lors de son anoblissement, des armoiries originales : trois limaçons, un chou, un râteau et une bêche !

« Il faudra tailler les poiriers et désherber la terre au pied des framboisiers ! »

Hyacinthe se met au travail et, quand vient l'après-midi, il rejoint son père, occupé à tailler les arbustes en topiaire dans l'attraction préférée du Dauphin : le labyrinthe !

« Père, laisse-moi tenir les cisailles, s'il te plaît, demande Hyacinthe.

– Très bien.... Occupe-toi de l'allée du Lièvre et de la Tortue ! »

Les fontaines aux carrefours du labyrinthe représentent toutes une fable d'Ésope, et c'est ainsi que Hyacinthe s'y repère. Il entend les cris et les rires de marquises, en train de se distraire. Concentré sur son buis, Hyacinthe sent soudain quelqu'un attraper sa chaussure, de l'autre côté de la haie.

« Hé ! Lâchez-moi ! crie Hyacinthe.

– Oh ! Veuillez m'excuser ! » répond une voix flûtée.

Un petit animal file entre les jambes de Hyacinthe.

« Quelle drôle de bête ! s'exclame-t-il en la regardant détaler vers un autre bosquet.

– Vous l'avez vu ? »

Hyacinthe lève les yeux. La voix était celle d'une jeune servante, à présent face à lui, qui possède plus de grâce que toutes les dames de la cour réunies.

« C'est un... cochon d'Inde, explique-t-elle en rougissant. Madame de Montespan va être furieuse si je ne le retrouve pas ! »

En entendant ce nom, Hyacinthe réprime un frémissement. Il entend depuis deux jours les pires rumeurs sur la favorite du roi, qui n'a plus vraiment ses faveurs.

« Je me nomme Hyacinthe.

– Et moi, Faustine », répond la jeune fille.

Avec une figue qu'il gardait dans la poche de sa veste, le jardinier attire le cochon d'Inde, blotti dans un fourré, jusqu'à eux.

« Comme tu es gentil ! le remercie Faustine. Je suis épuisée par toutes les lubies de ma maîtresse ! Entre ses chiens qu'il faut porter sur des coussins, et les souris qu'elle me demande d'atteler à un petit carrosse...

– Est-elle contente de vivre désormais à Versailles ? » demande Hyacinthe.

Faustine raconte combien la marquise de Montespan se plaint sans cesse de tous ces travaux, du vacarme des marteaux, de cette maudite poussière qui salit ses robes et ses coiffures et la fait tousser.
« Quelle idée a eue le roi de nous installer ici ! » imite-t-elle la marquise, en vérifiant que personne ne l'entende.
Mais ce qui rend la Montespan vraiment folle de rage, c'est d'avoir dû s'installer au rez-de-chaussée du château et quitter les appartements royaux du premier étage.
« On raconte, murmure Hyacinthe, qu'elle aurait quelque chose à voir avec la mort de sa rivale, mademoiselle de Fontanges…

L'AFFAIRE DES POISONS
Dès 1672, la marquise de Brinvilliers est accusée de l'empoisonnement de son père et de ses deux frères, avant d'être arrêtée et condamnée en 1676. Mais l'affaire ne s'arrête pas là, et une série de scandales va ébranler Paris et la cour de Louis XIV. Chacun craint d'être empoisonné par un ou une rivale. Madame de Montespan est elle-même suspectée. Un tribunal nommé « Chambre ardente », ou « Cour des poisons », prononcera une centaine de jugements, dont trente-quatre à mort, avant d'être dissous par le roi, en 1682.

– Ah ? » souffle Faustine, soudain inquiète, tandis qu'elle se laisse guider par Hyacinthe à travers les allées.

Le garçon se sent tout à coup important à ses yeux et en profite pour ajouter un détail, qu'il n'avait encore répété à personne.

« Il paraîtrait même que La Chaussée, l'ancien valet de la marquise de Brinvilliers l'empoisonneuse, aurait par quelque diablerie échappé à son exécution, et qu'il rôde autour du château, le soir venu. »

Faustine blêmit. Elle repense à cet homme hideux, qu'elle a aperçu l'autre soir près de la fenêtre restée ouverte de la chambre de sa maîtresse.

Enfin, les voilà tous deux arrivés sur les marches qui mènent aux parterres d'eau, face au château.

« J'ai peur qu'un nouveau drame ne se trame à la Cour », avoue Faustine à Hyacinthe.

Et, encouragée par le regard espiègle et plein de bonté du garçon, elle lui raconte ce qu'elle a vu : « Une large cicatrice barrait sa joue droite, et il boitait.

– C'est La Chaussée, il n'y a plus aucun doute ! On me l'a toujours décrit ainsi ! » s'affole Hyacinthe.

Que faire ? Espionner la marquise et ce complice réputé pour son expertise en poison ? Les deux jeunes domestiques veulent en avoir le cœur net avant d'en parler à quiconque.

« Retrouvons-nous dans le salon de Vénus, ce soir ! Il y aura tous les courtisans. Je me débrouillerai pour apporter moi-même une pyramide de fruits », propose Hyacinthe.

Le soir venu, Faustine jette des regards méfiants en accompagnant la marquise de Montespan. Elle n'a même pas le cœur à détailler la tenue de Louis XIV, qui l'éblouit pourtant à chacune de ses apparitions. La soirée du roi dans le Grand Appartement est des plus exquises. Un concert sur une musique de monsieur Lully est donné dans le salon d'Apollon, tandis que dans le salon de Diane, on joue au billard. Hyacinthe, dans le salon de Vénus, observe la marquise de Montespan, qui s'éclipse soudain, dans l'escalier des ambassadeurs. Faustine l'a vue, elle aussi ! Et, discrètement, ils la suivent.

Dans un couloir sombre, à l'abri des échafaudages et des blocs de pierre qui ne sont pas encore taillés, les deux jeunes espions entendent clairement la marquise murmurer :

« Notre Soleil va bientôt s'éteindre. Je ne supporte plus de le voir briller sans moi… »

Hyacinthe n'y comprend rien, mais Faustine, elle, devine tout de suite. Louis XIV est en danger !

La marquise regagne ses appartements, comme si de rien n'était. Pourtant, Faustine et Hyacinthe l'ont vue récupérer une cassette, et reconnu La Chaussée, caché sous un grand chapeau noir, qui filait dans la cour de marbre quelques secondes plus tard. La petite servante met peu de temps à dénicher la cassette, une fois la Montespan endormie. Dans le berceau réservé à ses chiots, la marquise l'a dissimulée sous un coussin. Faustine ouvre discrètement la boîte et voit… une fiole contenant un liquide suspect.

La marquise de Montespan resta longtemps la favorite de Louis XIV et lui donna sept enfants, dont six furent légitimés. Elle exerça une grande influence à la cour, et protégea des artistes comme La Fontaine et Molière.

L'Orangerie de Versailles, créée par Louis Le Vau en 1664 avant d'être reconstruite et agrandie par Jules Hardouin-Mansart en 1684, abritait des milliers d'orangers, de citronniers, ainsi que des oliviers et des grenadiers, venus d'Espagne, d'Italie et d'Orient. On peut encore l'admirer aujourd'hui.

« Ouh, ouh, ouh ! »

C'est le signal ! Un cri de hibou, imité par Hyacinthe.

Faustine ouvre la fenêtre de l'antichambre des appartements et l'aide à entrer.

« C'est du poison ? » demande-t-elle, tremblante, en montrant la fiole à Hyacinthe.

Son ami en était sûr et il a eu une brillante idée. Au lieu de subtiliser la cassette, et ainsi d'éveiller les soupçons de la marquise, il verse dans la fiole le jus d'une plante qui a la vertu d'être un antidote puissant à tout poison.

« Mon roi aime ses jardins, il est normal que ses plantes le protègent ! » pense-t-il.

Faustine se sent le cœur léger, désormais, et elle n'a pas du tout envie de se coucher.

« Viens, allons voir la Grande Galerie[1], que le roi qualifie déjà de chef-d'œuvre de monsieur Mansart ! » propose Hyacinthe.

Seules les arcades des dix-sept fenêtres ont été percées, face aux dix-sept autres qui accueilleront les plus grands miroirs qui aient jamais été fabriqués. Les peintures de monsieur Le Brun n'ornent pas encore la voûte à cette hauteur presque céleste, et les meubles en argent massif qu'il a dessinés sont encore dans les ateliers des orfèvres.

Les deux jeunes gens, dans la nuit de Versailles, marchent en se tenant la main.

« Ferme les yeux, souffle Hyacinthe à Faustine, et imagine : ce soir, c'est toi la reine, et moi le roi ! »

1. Ancien nom de la galerie des Glaces.

La Belle au bois dormant

Le château d'Ussé

Dans le lit à la couverture de brocart, Charles Perrault ne parvient pas à trouver le sommeil. Son ami Louis II Bernin de Valentinay l'a convié à séjourner dans son château d'Ussé, et ce lieu l'émerveille. Dès qu'il a franchi le pont-levis, la pierre blanche des façades et la majesté des tours, comme protégées par le bois de Chinon, l'ont laissé sans voix.

« Ce décor est féerique », a pensé l'auteur de contes.

Il a soudain envie de s'y promener, dans le calme de la nuit. Perrault referme doucement la porte de sa chambre. Dans le long couloir, il passe devant la chambre réservée au roi quand il vient en visite. Puis il descend le grand escalier, dont la rampe en fer forgé déploie des volutes délicates. À ses pieds, un jeune valet… s'est endormi !

« Heureusement qu'il ne me voit pas en robe de chambre ! » rit Perrault.

Il s'avance dans la grande salle à manger aux murs couverts d'élégantes tapisseries. Une servante s'est elle aussi assoupie sur une chaise, sans doute épuisée par les fastes du banquet donné ce soir.

« Ce petit monde dort… comme par enchantement ! se dit Perrault, soudain pris par l'inspiration. Vite ! Du papier, une plume ! »

Assis à son bureau, il aperçoit par la fenêtre la chapelle éclairée par un rayon de lune, et les premiers mots lui viennent…

Il était une fois un roi et une reine qui vivaient dans le plus somptueux des châteaux, et dont le souhait le plus cher était d'avoir un enfant. Enfin, leurs prières furent exaucées et la reine mit au monde une petite fille plus belle que le jour prénommée Aurore. Pour son baptême, l'enfant eut pour marraines les sept fées du royaume afin qu'elles lui accordent chacune un don. Après la cérémonie à la chapelle, tous les invités se rendirent au grand banquet organisé dans le palais.

Charles Perrault s'interrompt. Il se souvient des couverts avec lesquels il a soupé ce soir.

À table, les fées eurent chacune des couverts en or fin. La fête était parfaite, mais soudain, une horrible fée qu'on croyait morte depuis longtemps apparut dans un tourbillon de fumée.

« Comment ? dit-elle. On ne m'a pas invitée ? »

Le roi convia aussitôt la huitième fée à table, mais il ne restait plus de couverts royaux pour elle. Cela la rendit furieuse.

Perrault revoit soudain la tapisserie avec sa scène de chasse, magnifiquement représentée, qui lui faisait face pendant le souper.

Prévoyante, la plus jeune des fées se cacha derrière une tapisserie, et attendit.

Ce fut le moment où les marraines s'approchèrent du berceau d'Aurore. La première offrit à l'enfant la beauté, la deuxième la grâce, et ainsi de suite jusqu'à la sixième qui affirma qu'elle chanterait à la perfection.

« À mon tour ! annonça la méchante fée. Cette enfant, certes très belle, se piquera le doigt le jour de ses quinze ans à la pointe d'un fuseau… et en mourra ! »

Puis elle disparut, comme elle était venue.

La reine éclata en sanglots et des frémissements de terreur parcoururent l'assistance. C'est alors que la jeune fée sortit de sa cachette. Elle ne pouvait point annuler le sort, mais elle l'adoucit.

« La princesse ne mourra pas ! Elle tombera dans un profond sommeil, long de cent ans, jusqu'au jour où un prince viendra l'éveiller d'un baiser. »

Les années passèrent. Le roi avait ordonné de brûler tous les fuseaux du royaume. Aurore grandissait en beauté et en sagesse, et le jour de son quinzième anniversaire arriva.

Charles Perrault hésite. Où la fée tendra-t-elle son piège ? Il repense à la porte par laquelle son hôte l'a conduit jusqu'au donjon cet après-midi…

Ses parents étaient sûrs d'avoir pu empêcher la malédiction. Et pendant qu'ils étaient en promenade, Aurore monta, sans y prendre garde, dans la plus haute tour du donjon. Dans une petite pièce, une vieille filait de la laine au fuseau.

« Pourriez-vous me montrer comment vous faites cela ? » demanda la princesse, intriguée.

La femme accepta volontiers, mais à peine Aurore avait-elle touché le fuseau qu'elle se piqua le doigt, et tomba dans un profond sommeil.

« Au secours ! » cria la pauvre vieille.

Le roi et la reine, désespérés, firent conduire Aurore dans la plus belle chambre du château.

« C'est celle-ci, sans aucun doute », sourit l'auteur, en considérant les meubles précieux autour de lui, dont ce lit, digne d'une princesse.

Ils l'installèrent sur un lit brodé d'or et d'argent. La jeune fée apparut alors et dit : « Il faut qu'elle retrouve tout le monde à son réveil ! »

D'un coup de baguette, elle endormit tout le palais : le roi, la reine, les gentilshommes, les marmitons, les servantes… même les chiens et les chevaux !

Au même moment, une haie d'épines poussa si vite qu'elle protégea du regard les plus hautes tours du château. La fée fut satisfaite.

Perrault pense à monsieur Le Nôtre qui n'aimerait point que ses jardins d'Ussé fussent ainsi recouverts.

Cent ans s'écoulèrent. Un beau jour, un prince en voyage fut attiré par cette forêt d'épines. Un vieil homme lui raconta que derrière ce bois infranchissable se cachait un château où la plus belle des princesses attendait d'être délivrée d'un sort, grâce au baiser d'un prince.

Le prince était prêt à affronter tous les dangers mais, à sa grande stupeur, les ronces s'écartèrent sur son passage et la haie se couvrit de roses. Dans le château, il ouvrit mille portes, avant de découvrir Aurore, endormie sur son lit. Émerveillé par sa beauté, il déposa un baiser sur ses lèvres roses et, aussitôt, elle s'éveilla ! Le roi, la reine, et tout le château s'animèrent à leur tour, comme si le temps ne s'était jamais arrêté.

Le jour va bientôt se lever, mais Charles Perrault retourne se coucher. Il veut rêver des noces du prince et de la princesse, et de sa nouvelle création, inspirée par le château d'Ussé : *La Belle au bois dormant*.

Le tombeau de Richard Cœur de Lion

L'abbaye (royale) de Fontevraud

En ce matin du 25 septembre 1792, un silence particulier règne sur l'abbaye de Fontevraud. Dans la salle du chapitre du monastère Sainte-Marie aux murs ornés de scènes de la Passion du Christ, Julie d'Antin, la mère abbesse, réunit une dernière fois ses moniales autour d'elle. Certaines laissent échapper quelques larmes, d'autres se tiennent la main. Les moines, eux, ont déjà quitté l'abbaye. Et dans la cour d'honneur, on ne recevra plus de visiteur.

La Révolution a fait son œuvre et la toute nouvelle Assemblée en a décidé ainsi. Les religieuses doivent à leur tour quitter définitivement les lieux.

Depuis sa fondation par Robert d'Arbrissel en 1101, l'abbaye a accueilli pauvres et malades, rois et évêques, artistes et écrivains. Elle a résisté aux guerres, aux inondations, tout en déployant une architecture admirable, au fil des siècles. La mère abbesse connaît chaque détail de son histoire.

En 1789, une série d'événements va provoquer un changement radical dans le régime qui gouverne la France : la Révolution française. L'autorité du roi est remise en cause, et des assemblées vont désormais décider du sort du pays. Les biens de l'Église, comme l'abbaye de Fontevraud, sont décrétés « biens nationaux ».

Après avoir confié leurs tâches à chacune des moniales, Julie d'Antin s'avance dans la grande galerie du cloître. Dans le réfectoire, baigné par la lumière que laissent traverser les immenses fenêtres, elle croit soudain entendre des murmures. Serait-ce l'écho des lectures saintes qui résonnent encore sous les voûtes d'ogives ?

La mère abbesse rejoint la cuisine. Elle pose ses yeux sur chacune des huit absidioles, merveilles de pierre de tuffeau d'où la fumée s'échappe par de petites cheminées. Une voix la fait sursauter.

« Je suis Robin des bois, défenseur des pauvres ! »

Cela vient de l'extérieur. Julie d'Antin se hâte de rejoindre les jardins, où elle aperçoit…

« Des enfants ! Ils ont sûrement cru que nous étions toutes parties… » se dit-elle.

Au milieu de la lavande et du romarin, un garçonnet armé d'un arc et de flèches court après un camarade, la tête ornée d'une couronne de pacotille, en hurlant : « Je ne connais qu'un roi : Richard Cœur de Lion ! »

Il s'arrête tout net face à la religieuse qui vient d'apparaître devant lui, dans sa grande robe noire.

« Comment te nommes-tu ? demande-t-elle simplement.

– Euh… je suis… Robin des bois, balbutie-t-il. Et lui, c'est un méchant : le prince Jean. »

La mère abbesse sourit.

« Sais-tu que je connais bien ton roi, jeune Robin ?

– Ah ?

– Sa famille, les Plantagenêts, aimait beaucoup cette abbaye… Suivez-moi, tous les deux ! »

Julie d'Antin conduit les deux garçonnets avec elle vers l'église abbatiale, tout en commençant son récit :

Richard Cœur de Lion était un roi d'Angleterre qui gouvernait aussi une grande partie de la France. Comme sa mère Aliénor d'Aquitaine, il adorait composer des poèmes, mais c'était surtout un valeureux combattant qui gagna de nombreuses victoires pendant la troisième croisade…

Le jeune Robin des bois ouvre de grands yeux. Ils viennent d'arriver dans la nef de l'église. Sous les coupoles, au pied des colonnes aux chapiteaux sculptés d'animaux fabuleux, il se sent encore plus petit. Avec son ami, il ne perd pas une miette des paroles de la mère abbesse.

Un jour, Richard décide de s'emparer d'un trésor caché dans la forteresse de Châlus. L'assaut lui paraît facile, et il ne se méfie pas en se promenant tête nue au pied des tours. Un arbalétrier tire un carreau qui se plante dans son épaule. La blessure s'infecte et sa mère arrive juste à temps, ce 6 avril 1199, pour le voir expirer dans ses bras. Son cinquième fils, Jean sans Terre, va s'approprier la couronne.

Tout à coup, les deux enfants aperçoivent quatre statues de bois peint, allongées sur de longs coffres. Julie d'Antin comprend qu'ils n'avaient encore jamais vu de gisants.

« Richard Cœur de Lion repose ici, auprès de ses parents et d'Isabelle d'Angoulême, femme de Jean sans Terre, souffle-t-elle.

– C'est lui ! Avec la barbe et la belle cape bleue ! » devine Robin des bois.

Il s'incline doucement. Ce roi qu'il pensait imaginaire est bien réel et il connaît désormais l'emplacement de son tombeau, protégé, pour toujours, par l'abbaye de Fontevraud.

La malédiction égyptienne

Le musée du Louvre

15 décembre 1827

La soirée d'inauguration du musée Charles-X fut un succès ! Désormais, au premier étage de l'aile sud de la Cour carrée du Louvre, les antiquités égyptiennes ont la place qu'elles méritent. Je suis si fier d'avoir été nommé conservateur de cette toute nouvelle collection !

Dans ce qui fut il y a près de deux siècles l'appartement de la jeune reine Marie-Thérèse, du temps où le Louvre était encore un palais, les statuettes et autres trésors sous vitrines s'offrent au regard, dans un magnifique décor de plafonds peints commandés par notre souverain. Le roi Charles X m'a félicité pour l'identification de chaque objet par une étiquette et la notice que j'ai rédigée afin d'éclairer les visiteurs. C'est tellement important pour moi de partager mon savoir ! Les femmes commentaient les formes étranges des nombreux bijoux. Quant aux hommes, ils fixaient les momies et les cercueils en bois peint, avec une admiration teintée d'angoisse.

Le palais des Tuileries, construit en 1564, et agrandi au fil des siècles, fut la résidence de nombreux rois de France, dont Henri IV et Louis XIV. Il fut détruit par un incendie en mai 1871, pendant le soulèvement de la Commune de Paris.

Les journalistes m'ont posé mille questions : « Monsieur Champollion, comment avez-vous réussi à percer le mystère des hiéroglyphes ? » « Quand réaliserez-vous votre rêve d'aller en Égypte ? »
Pour y couper court, je leur ai fait admirer la pièce que j'ai dénichée chez un collectionneur italien d'objets issus de fouilles en Égypte : une statuette à tête d'aigle, aux pattes de chat et à la queue de crocodile, baptisée « Hobasbek », en hommage aux dieux égyptiens Horus, Bastet et Sobek. Dès demain, je suis sûr que son nom aura franchi les pavillons du Louvre et sera sur toutes les lèvres des gens de la bonne société parisienne…

20 décembre 1827

Il faisait un froid de gueux quand j'ai traversé la Seine, ce matin, en passant par le pont des Arts. Chaque fois que je franchis cette porte Sud du Louvre, où se trouvait jadis un pont-levis, je pense à la forteresse qui se tenait là en 1202, à l'ouest de la muraille voulue par Philippe Auguste pour protéger Paris. Dans la Cour carrée, il ne reste rien du donjon de trente mètres de hauteur, ni de l'ancienne apparence du château fort. Au fil des siècles, et des règnes, les travaux n'ont jamais cessé. Le palais s'est agrandi, des pavillons se sont embellis. Un musée est né en 1793, et le Grand Dessein d'Henri IV, consistant à relier la Grande Galerie au palais des Tuileries, n'est toujours pas achevé.
Justement, alors que j'admirais les tableaux de la Grande Galerie et du Salon carré, mon ami Édouard le gardien a accouru vers moi, affolé.
« Une nuée d'abeilles a envahi la salle des Caryatides ! Des ouvriers ont été piqués ! »
Il fallut plusieurs heures pour s'en débarrasser. D'où peuvent provenir ces insectes, en cette saison ? Mon inquiétude est vive et, au moment où j'écris ces lignes, un curieux pressentiment m'envahit.

23 décembre 1827

Le pauvre Édouard a été retrouvé assommé et ligoté près du Grand Sphinx de Tanis.
À ses pieds, sur un cartouche de bois, j'ai déchiffré ce texte, écrit en hiéroglyphes :
Tremblez ! La vengeance d'Hobasbek sera terrible !

Jean-François Champollion (né en 1790 à Figeac et mort à Paris en 1832) se passionne pour l'Égypte dès le lycée. Élève prodige qui maîtrise les langues anciennes, puis professeur d'université, il est le premier à déchiffrer en 1821 les hiéroglyphes qui étaient gravés sur un fragment de stèle de l'Égypte ancienne : la pierre de Rosette. En tant que conservateur, il est responsable du choix, de l'étude et de la présentation des antiquités.

Sous sa vitrine, quand je suis passé la voir par la suite, la statuette me fixait de ses yeux de lapis. Une malédiction serait-elle en train de s'abattre sur le Louvre ?

2 janvier 1828

Le roi m'a fait porter un message. Il s'inquiète du mal étrange qui me ronge depuis des jours, mais surtout des rumeurs sur le musée qu'on dit désormais… hanté.

Il y a eu d'abord cette chute brutale, dans l'escalier du Midi, comme si une main invisible me poussait. Puis cette fièvre atroce qui me fait délirer. L'autre nuit, la *Vénus de Milo* m'est apparue, des ailes d'aigle en guise de bras. Au musée, *La Joconde* fut ôtée de son mur et retrouvée dans une crypte, dans les sous-sols. Une nouvelle menace en hiéroglyphes était écrite sur un morceau de papier :

Bientôt, vous serez tous engloutis dans l'oubli !

Faut-il que j'enferme Hobasbek dans une caisse et que je l'expédie vers l'Égypte ?

10 janvier 1828

Jeannot, le fils d'Édouard le gardien, est un petit malin, et il connaît les couloirs du musée comme sa poche ! Je le sais capable de déambuler dans les salles et les escaliers sans se faire remarquer, et je l'ai chargé d'une mission… d'espion. Il n'a pas peur de la malédiction.

« Quand on vit dans une rue aussi mal famée que la mienne, on n'a peur de rien, monsieur Champollion ! » m'a-t-il affirmé, alors que j'étais encore cloué au lit.

L'autre soir, il a repéré un homme.

« Il n'y avait plus aucun visiteur, et c'était facile de voir que ce n'était pas un ouvrier ! Il portait une grande cape et jetait des regards en coin. Il faisait mine de faire des croquis, mais moi, j'ai bien vu qu'il ne dessinait rien du tout ! »

Il l'a suivi jusqu'aux salles des antiquités égyptiennes. Et là, au moment où l'inconnu s'apprêtait à briser une vitrine, Jeannot a donné l'alerte…

12 janvier 1828

Balthazar Fouilletrouille ! Voici le nom de celui qui avait décidé de ruiner ma réputation en faisant croire à une malédiction sur le Louvre !

Cet archéologue, furieux d'être resté dans l'oubli, n'a jamais découvert le moindre tombeau, ni la plus petite statuette égyptienne pendant ses fouilles, et surtout il n'a pas réussi à décrypter les hiéroglyphes avant moi. Jaloux de mon succès, il a voulu se venger.

Il a transporté des abeilles, attaqué un gardien, volé *La Joconde*, et m'a poussé dans les escaliers avec l'habileté d'un fantôme. Quant à ma maladie, il s'est fait passer pour un porteur d'eau que j'ai accosté rue de Rivoli, pour mieux m'empoisonner !

Je suis guéri, à présent. Je prépare mon expédition en Égypte.

Charles X a préféré que je garde Hobasbek chez moi, afin d'étouffer définitivement l'affaire.

Avec Jeannot, ce soir, nous avons trouvé un nouveau jeu. Dans la cour du Louvre, il faut être le plus rapide pour repérer les initiales des rois gravées dans la pierre des façades.

Je dois reconnaître que le jeune garçon est bien plus fort que moi…

Le fantôme de l'Opéra

Le palais Garnier

« Allumettes ! Qui veut acheter des allumettes ? »

Devant la façade de l'Opéra, postée sous la statue de *La Danse*, Zélie tend sa corbeille en direction des messieurs coiffés de leur haut-de-forme. D'une main, les élégants tiennent leur cigare et, de l'autre, le bras de dames emmitouflées dans un ample manteau assorti à leur robe. Depuis son ouverture, le 5 janvier 1875, le Tout-Paris[1] se presse chaque soir dans ce palais richement orné, à la coupole de cuivre, sorti de l'imagination de monsieur Charles Garnier. Les travaux ont commencé il y a quinze ans, avant même que Zélie naisse, à quelques mètres de là, dans l'immeuble de la rue Le Peletier où elle vit toujours avec sa mère.

« Pssst ! Zélie ! Viens vite, le spectacle va commencer ! »

Son ami Jules se tient comme toujours tapi sous les arcades. En un éclair, les deux enfants franchissent la porte principale, sans se faire remarquer par le concierge. Ils montent ensuite quatre à quatre le majestueux escalier au marbre de différentes couleurs. Sur le premier palier, l'un monte la volée de gauche, l'autre, celle de droite. C'est leur jeu favori. Ils se mêlent aux spectateurs qui s'avancent en sens inverse, sans leur prêter attention, pour rejoindre leur loge. Zélie traverse les petits salons, l'avant-foyer, et retrouve Jules, encore essoufflé, dans la vaste salle du grand foyer, déserte.

Grandes galeries aux plafonds et aux murs richement décorés, l'AVANT-FOYER et le GRAND FOYER sont des lieux de déambulation des spectateurs avant la représentation, ou pendant l'entracte.

Zélie adore son plafond peint et ses dorures. Elle a l'impression d'être dans un château.

Un grand bruit, suivi d'un nuage de poussière noire, s'échappe d'une des cheminées.

« Le voilà ! » souffle Zélie, espérant que personne ne les surprenne.

Gaston le petit ramoneur est à l'heure au rendez-vous.

« Salut la compagnie ! dit-il en découvrant ses dents blanches au milieu de son visage couvert de suie.

– Toi, tu n'entres jamais dans une demeure comme tout le monde », rit Jules.

***Le Fantôme de l'Opéra* est un roman fantastique de Gaston Leroux, publié en 1910. Il s'inspire de faits réels, comme l'effondrement du lustre de la salle de l'Opéra Garnier sur le public, le 20 mai 1896.**

Quelques minutes plus tard, derrière l'immense panneau d'un décor, les trois enfants observent par de petits trous le ballet interprété par les danseurs de l'Opéra. Alfred, l'homme chargé du lever du grand rideau rouge, les laisse toujours passer. Les tutus blancs fascinent Zélie. Gaston se laisse bercer par la musique. Jules, aux aguets, surveille la salle. Les portes des loges du troisième étage viennent de claquer les unes après les autres, dans une ronde étrange. Soudain, les flammes de l'immense lustre se mettent à vaciller. Comme poussé par une force invisible, l'attache au plafond tangue dangereusement.

« Regardez ! Le lustre tombe ! » s'écrie Jules.

D'un coup, l'objet de cristal descend de plusieurs mètres. Seul un câble, près de céder, le retient. À l'orchestre, tous les spectateurs se lèvent, hurlant de terreur. Le lustre finit sa chute, vertigineuse, avant de se briser sur les sièges, heureusement vides. Sur scène, la rampe d'éclairage s'est éteinte et les danseurs restent figés d'effroi. L'obscurité est totale. Zélie craque une allumette et guide ses deux compères dans les coulisses.

Un machiniste, terrorisé, hurle de tous côtés : « Je l'ai vu ! Avec sa grande cape ! Son visage… était couvert d'un masque… horrible ! C'est lui qui a fait ça ! »

Dès le lendemain matin, Jules frappe à la porte de Zélie, tout excité.

« Mon père est chargé de l'enquête ! annonce-t-il. J'étais sûr qu'il se passait des choses étranges à l'Opéra ! Figure-toi que la cantatrice Cornélie Frison a reçu plusieurs lettres de menace et quand elle est tombée en pleine représentation, l'autre soir, c'était à cause d'un trou percé dans le plancher ! »

Zélie se réveille à peine. Elle ajoute quelques bûches dans le poêle pour réchauffer la mansarde. Sa mère est partie tôt, ce matin, travailler aux Halles.

« Des lettres ?

– Oui ! Et elles sont signées… annonce Jules, ménageant son effet… le Fantôme de l'Opéra ! »

L'inspecteur Filippot serait surpris de savoir que son fils espionne à ce point ses conversations. Zélie a le cœur qui bat. Malgré la peur, l'occasion est trop belle.

« File chercher Gaston ! ordonne-t-elle. Il faut qu'on surveille tout ce qui se passe ! »

Les soirs de représentations s'enchaînent, et rien ne se produit. Toujours bien informé, Jules cherche des indices dans la loge n° 5, qu'il aurait prétendument occupée le soir de la première de l'opéra *Marco et Violetta*. Mais à part des traces de pas encore humides, il ne voit rien de suspect.

LE GRAND LUSTRE, avec ses quatre cents flammes et globes alimentés au gaz, restait allumé pendant les représentations jusqu'au début du XXe siècle.

LE SOUFFLEUR était une personne chargée de « souffler » son texte au comédien en cas de trou de mémoire, depuis un trou encapuchonné à l'avant de la scène.

Gaston arpente à maintes reprises les toits de l'Opéra, espérant voir s'envoler son fantôme dans la nuit. Zélie se fait passer pour une jeune modiste afin de pouvoir fouiller à loisir l'atelier des costumes. Aucune trace du masque du fantôme !
Après s'être laissé enfermer une nouvelle fois dans le palais Garnier, les trois amis, assis dans la salle vide, sont en train de perdre espoir quand une musique vient caresser leurs oreilles. Il n'y a pourtant aucun musicien dans la fosse d'orchestre !
« C'est un violon ! » reconnaît Zélie.
Gaston s'approche de la scène.
« Cela vient de là-dessous ! »
Les enfants gagnent par le trou du souffleur les entrailles de la scène. Se faufilant parmi les charpentes, Gaston aperçoit soudain une petite porte.
« Elle n'est pas fermée à clé ! » s'écrie-t-il.
Zélie hésite avant de suivre ses compères dans un étroit escalier de pierre, vers les profondeurs d'un souterrain. Les enfants marchent sur le rebord étroit… d'un lac !
« C'est extraordinaire ! » ose à peine dire Jules.
La musique se fait plus forte.
« Il est là ! » souffle Zélie.
Soudain, ses petites chaussures dérapent sur le sol glissant, et elle tombe, la tête en avant, dans l'eau !

Quand elle se réveille, Zélie voit d'abord le sourire de Jules et reconnaît l'odeur de fumée qui suit toujours Gaston. Elle est allongée sur un lit. Un homme de haute taille, le visage recouvert d'un masque blanc, se penche vers elle.
« Le fan… le fant… balbutie Zélie.
– Je te présente Ernest, qui vient de te sauver la vie ! » dit Jules, sans autre préambule.
Zélie a du mal à comprendre. Elle aperçoit alors une barque flottant sur l'eau, arrimée à un anneau de fer.
« Ernest t'a rattrapée avant que tu te noies, explique Jules.
– Je suis désolé… »
La voix du fantôme s'étrangle.
« ... pour tout ce qui s'est passé. »

Il pleure. Jules l'aide à poursuivre.

« Ernest est musicien et il a été blessé il y a deux ans, pendant l'incendie de la rue Le Peletier.

– Dans l'ancien Opéra ? se souvient tout à coup Zélie.

– Oui… j'y ai tout perdu, poursuit l'homme. Ma musique, mon honneur et mon grand amour.

– Sa fiancée est morte pendant l'incendie, chuchote Gaston à l'oreille de Zélie.

– C'était une grande artiste… et tout le monde l'a oubliée ! J'ai voulu la venger », explique Ernest, regrettant ses actes.

Les enfants se taisent, gênés.

Mais, très vite, Gaston détend l'atmosphère : « C'est génial ici ! Il y a même des poissons ! Vous avez vu ? »

Jules, Zélie et Gaston n'ont jamais trahi le secret d'Ernest, même auprès de l'inspecteur Filippot. Désormais, ils ont un nouveau jeu. Quand la voie est libre, ils naviguent tous les trois, à bord d'une barque. Ils espèrent revoir Ernest, mais le fantôme semble avoir disparu à jamais dans les sous-sols de l'Opéra.

1. Expression désignant, au XIXe siècle, les personnes les plus en vue et les plus riches.

Le défi de Gustave Eiffel

La tour Eiffel

Le ciel de Paris est à peine voilé de quelques nuages ce dimanche 31 mars 1889. Dans le fiacre qui descend l'avenue de Wagram, Albert observe son père, très élégant, qui ajuste son haut-de-forme. C'est un jour important. Après deux ans, deux mois et cinq jours de chantier, Gustave Eiffel a relevé le défi qu'il s'était lancé face aux organisateurs de l'Exposition universelle : la construction d'une tour en fer de trois cents mètres de hauteur. La plus haute du monde !

Avenue Kléber, rue de Magdebourg, Quai de Billy[1]…

« On descend ici ! » dit Gustave à son chauffeur.

Il veut marcher un peu avant de rejoindre les deux cents invités de l'inauguration et ses chers ouvriers. Albert aperçoit les pavillons de l'Exposition. Il espère pouvoir visiter celui de la Galerie des Machines, tout à l'heure ! Sur le pont d'Iéna, les fidèles collaborateurs Émile Nouguier et Maurice Koechlin sont là. Ce sont eux qui ont dessiné les premières esquisses de ce « A géant », rapportées par Gustave Eiffel à la maison un soir de juin 1884, et qui avaient tout de suite plu à Albert.

Gustave Eiffel est né en 1832 à Dijon et il est mort à Paris en 1923. Cet ingénieur et industriel français connut une carrière internationale, notamment grâce à son expertise dans la construction des ponts. Veuf en 1877, il eut cinq enfants, dont Albert, né en 1873. Il y eut plusieurs Expositions universelles à Paris. Celle de 1889 dura du 6 mai au 31 octobre. La France invita 35 pays et plus de 61 700 exposants afin de montrer sa puissance, et de faire découvrir les progrès dans les domaines des arts, des techniques et des sciences.

Il est 13 h 30. Au pied des escaliers, Valentine, la grande sœur d'Albert, lui fait signe.

« Prêts pour l'ascension ? demande Gustave, en tête du cortège. Nos ascenseurs ne sont pas encore en service ! »

Et il ajoute avec malice : « Il y a seulement 1 665 marches jusqu'au sommet ! »

Albert est très motivé. Le premier étage est, paraît-il, l'« étage des gourmands » ! En effet, quatre restaurants y attendent les invités. Albert lit rapidement le menu d'inauguration, prévu pour ce soir, avec ses quinze plats aux noms amusants comme les « Chauds-froids de becfigues » ou la « Glace Eiffel » ! Il admire aussi les échoppes des loueurs de jumelles et des marchands de souvenirs, prêtes à accueillir les futurs visiteurs.

La voix de Gustave Eiffel, évoquant cet incroyable chantier, résonne jusqu'aux oreilles d'Albert : « Chaque mois, nous gagnions dix mètres de hauteur. »

Albert se souvient de cet hiver 1887 où il observait avec son père les ouvriers acrobates travailler au bord du vide. À plus de cent vingt mètres du sol, dans le froid et le vent, ils fixaient, grâce à des rivets, les poutres métalliques de la Tour, fabriquées à l'usine.

« Comment être sûr qu'elle ne s'effondrera pas ? avait demandé Albert.

– Le fer est vingt fois plus solide que la pierre et notre Tour est bien campée sur ses quatre pieds ! » l'avait rassuré son père.

L'ascension continue. La moitié des invités est restée au premier étage. Albert a perdu le fil du décompte des marches. Il doit en avoir gravi plus de sept cents. Au deuxième étage, l'imprimerie du journal *Le Figaro* prépare sa toute première édition, « Spéciale tour Eiffel ». Albert songe à un autre journal , *Le Temps*, qui avait publié en février 1887 la protestation d'artistes et d'écrivains contre le projet de son père, qualifié de « girafe toute percée ».

« Comment osent-ils ? s'était emporté Albert. Toi qui as bâti tant de ponts magnifiques, et même la statue de la Liberté ! »

Aujourd'hui, même l'écrivain Sully Prudhomme, l'un des signataires, salue son audace.

« Encore cinquante marches ! » crie Gustave Eiffel.

Gustave Eiffel a tout fait pour que « sa » Tour soit utile à la science. Il fit installer au troisième étage un laboratoire de météorologie et, en 1898, une première expérience de liaison de télégraphie sans fil entre la Tour et le Panthéon fut un succès. La « radio » était née, et la tour Eiffel échappa à la destruction !

Ils ne sont plus qu'une vingtaine à grimper dans l'escalier en colimaçon, dont Albert, qui tient dans sa main, depuis le début de l'ascension, un grand tissu tricolore enroulé autour d'un bâton. Gustave fait visiter son bureau, « perché au milieu des nuages », où des fauteuils moelleux accueilleront ses hôtes. À présent, ils sont tous sur la plate-forme, subjugués par la vue. Albert reconnaît les tours de Notre-Dame, le Louvre, l'Arc de Triomphe…

Serait-ce le vent qui fait pleurer ses yeux ? Encouragé par Émile Nouguier, il confie, en tremblant, le drapeau français à son père.

Gustave Eiffel le hisse, sous les applaudissements, tout en haut de « sa » Tour.

Albert a l'impression de voir un arc-en-ciel, au loin, dans le ciel de Paris.

Il fait aussitôt un vœu : « Que la tour Eiffel ne soit jamais détruite ! »

1. Aujourd'hui avenue de New-York.

La dernière relique de saint Aubert

Le Mont-Saint-Michel

« L'ange ! Je vois l'ange ! s'écrie Gabriel.

– Calme-toi un peu », le gronde gentiment sa sœur Augustine.

Par la fenêtre du train, le Mont-Saint-Michel, si petit vu de loin au milieu de la baie, paraît aux deux enfants de plus en plus imposant. La Merveille de pierre accrochée à son rocher se dresse fièrement vers les cieux avec, au sommet de sa flèche, la statue dorée de l'archange saint Michel prêt à combattre le dragon.

Pour la première fois, Augustine et Gabriel ont pris l'omnibus en gare de Pontorson pour se rendre en vacances chez leur tante, Annette Poulard. La toute nouvelle ligne, construite sur une digue insubmersible, vient d'être inaugurée en ce mois de septembre 1901.

« La mer monte ! continue à commenter Gabriel. Il paraît qu'elle va aussi vite qu'un cheval au galop ! »

Des pèlerins, pantalons et jupes retroussés, se hâtent de rejoindre, les pieds dans l'eau, la porte de la ville. Le train ralentit, puis s'arrête.

« Mont-Saint-Michel ! Tout le monde descend ! » crie le conducteur.
Tante Annette est là, son tablier blanc noué à la taille, comme si elle sortait tout juste de sa cuisine.
« Bienvenue au Mont, les enfants ! Cela fait si longtemps que je ne vous ai pas vus ! »
Augustine sent l'odeur du vent salé. Elle ne peut réprimer un frisson à l'idée de pénétrer enfin dans cette forteresse extraordinaire, dont les légendes la passionnent.
« On se croirait dans un château ! » s'exclame Gabriel.
Après avoir franchi la porte de l'Avancée, celle du Boulevard et, enfin, la porte du Roy, les voilà dans la Grande Rue où se trouve l'Hôtel du Lion d'or, tenu par Annette et son mari Victor Poulard. Les clients affluent, mais celle qu'on surnomme la « Mère Poulard » reçoit chacun avec bienveillance. À peine arrivée, elle récupère le manteau d'une dame, fait asseoir une famille près du bon feu qui brûle dans l'âtre, tout en montant les valises de ses neveux dans les escaliers.
« Vous devez être épuisés, mes petits ! Je vous montre votre chambre ! » dit-elle d'un ton joyeux.
Gabriel se jette sur le lit pendant qu'Augustine s'approche des étagères remplies de livres. *Les Mystères de saint Aubert* attire son regard. Les pages de l'ouvrage sont tellement usées qu'elles semblent près de tomber en poussière. Il y a des gravures, dont celle du fameux crâne portant la marque du trou laissé par le doigt de l'archange. Augustine oublie de manger et elle dort à peine pendant cette première nuit au Mont-Saint-Michel. Un passage du livre la hante :
En ce matin de décembre 1198, le chanoine qui vola la dépouille de saint Aubert fut jeté dans le cachot du Diable. On retrouva dans sa chambre les ossements, la mitre brodée d'or, mais la crosse en bois au pommeau d'ivoire avait bel et bien disparu !
Au petit matin, Augustine, surexcitée, réveille son frère : « Il faut que nous partions à la recherche de la crosse de saint Aubert ! Elle est cachée quelque part dans l'abbaye, j'en suis sûre !
– J'ai faim, tante Annette, refais-moi une omelette ! » balbutie Gabriel, encore dans son rêve.

Il y a déjà du monde dans la Grande Rue, où les marchands de souvenirs déballent cartes postales, boîtes de « michelettes », ces savoureuses confiseries, et boules en verre fascinantes, dans lesquelles un Mont-Saint-Michel miniature se couvre de neige.

« Oh ! s'écrie Gabriel, c'est ce trésor que je veux !

– Le nôtre sera bien plus précieux, et je n'ai pas assez d'argent », rétorque Augustine.

Elle vient d'acheter *Le Guide du visiteur au Mont-Saint-Michel.*

« Suis-moi, il faut monter l'escalier du musée ! » annonce-t-elle, les yeux rivés à un plan.

Quelques minutes plus tard, ils arrivent au pied des deux tours du Châtelet qui protègent sous leur voûte un sombre escalier, appelé « Grand Degré ».

« Je suis fatigué, se plaint Gabriel.

– On va pénétrer dans l'abbaye ! Ce n'est pas le moment de t'asseoir ! » râle Augustine.

Elle veut commencer par le troisième étage, où mangeaient et dormaient les moines au Moyen Âge.

« Des escaliers, encore des escaliers ! » se lamente Gabriel.
Mais une fois dans le cloître, il reste bouche bée devant la beauté des galeries et des trois arches qui s'ouvrent sur la mer. Augustine tente d'entrer dans les anciens dortoirs, mais elle ne trouve que des portes closes.
Une fois dans l'église abbatiale dont le « chœur gothique flamboyant » leur donne l'impression d'être au Paradis, Augustine et Gabriel oublieraient presque leur quête.
Ils descendent des marches, se perdent, et découvrent…
« La crypte des Gros-Piliers ! s'exclame Augustine, impressionnée par la hauteur des voûtes.
– Il n'y a rien ici, tout est en travaux ! » constate son frère avec dépit.
Sa sœur, elle, ne se décourage pas.
« Fais comme moi ! Regarde partout ! Derrière les piliers, sous les manteaux des cheminées… »
Gabriel s'exécute. De salle en chapelle, il se faufile parmi les visiteurs et dans la salle des Chevaliers, qui servait de scriptorium, il rampe même sous les pupitres.
« Et si on cherchait le cachot du Diable ? ose-t-il à peine murmurer. Le chanoine l'avait peut-être gardé avec lui, son trésor ? »

Dans la crypte de l'Aquilon, la forte odeur des pierres humides saute aux narines des deux enfants. Il n'y a personne et leurs pas résonnent sous les voûtes.
« Là, au fond ! Cette grille ouverte doit être celle du cachot ! »
Elle est tellement étroite qu'Augustine se penche pour y pénétrer, tandis que son frère est déjà à l'intérieur.
« Au fait, ça ressemble à quoi, une crosse ? demande-t-il.
– C'est maintenant que tu me poses la question ? soupire Augustine. C'est un gros bâton… avec un bout recourbé, très joli.
– Ah… comme celui-là, alors ! »
Augustine observe le bâton richement sculpté que lui tend Gabriel. Son extrémité n'est pas en ivoire, mais elle a pu être cassée, après tant d'années.
« Tu l'as trouvée ! Bravo, Gabriel ! »
Les deux enfants repartent à vive allure, sans remarquer qu'un pèlerin croisé dans l'escalier cherche partout… son bâton de marche !

À l'Hôtel du Lion d'or, un grand feu de bois flambe dans l'âtre de la cheminée.
« Tante Annette ! On a trouvé la crosse de saint Aubert ! » chuchote Gabriel, le visage en sueur, et les traits fatigués après cette folle épopée.
Augustine s'approche et montre le trésor qu'elle cachait jusque-là dans son dos.
« C'est un secret du Mont-Saint-Michel ! » rougit-elle.
La Mère Poulard jette un coup d'œil tout en attisant les flammes, et s'exclame : « Mais je le reconnais, ce bâton ! C'est celui de monsieur Fenouillon, un pèlerin qui dort souvent ici ! Regardez, il y a même son nom gravé ! »
Gabriel et Augustine sont déçus mais, dès demain, ils repartiront à la recherche de la crosse.
« Voulez-vous que je vous dévoile le secret le plus précieux du Mont ? leur lance leur tante Annette, dans un sourire.
– Oui… acquiescent timidement les enfants.
– Écoutez bien, c'est celui de mon omelette ! »

Battez des œufs bien frais dans une terrine. Dans une poêle, faites chauffer un bon morceau de beurre sans le faire roussir, surtout ! Jetez les œufs dans la poêle et remuez constamment. Tournez, roulez, et servez aussitôt, bien chaud !

Une fabuleuse découverte

La grotte de Lascaux

Ce dimanche 8 septembre 1940, Marcel Ravidat, apprenti garagiste, sort de chez lui. Dans les rues de Montignac, tout est calme. Son chien Robot sur ses talons, il file retrouver ses trois amis : Georges, Simon et Jacques.

Ils se sont donné rendez-vous dans les bois de Lascaux, cet après-midi, pour faire une grande promenade.

« Regardez ce que j'ai pu échanger chez l'épicière contre un panier de mûres, les gars ! annonce Marcel en sortant une tablette de chocolat de sa poche.

– C'est toujours ça que les Allemands n'auront pas ! » glousse Simon.

Soudain, Marcel ne voit plus Robot. Il appelle son chien, en vain. Les garçons se séparent et fouillent les alentours.

« J'ai entendu quelque chose, là-bas, près de la colline ! » s'écrie Georges.

Les quatre compères découvrent alors, légèrement dissimulée sous un arbre déraciné, l'entrée d'un petit trou. À travers les ronces, le museau de Robot finit par apparaître.

« C'est bien, mon chien ! le félicite Marcel. Dis-moi, c'est profond là-dessous ? » demande-t-il ensuite, tout en jetant une pierre dans le trou.

En pensée, il compte jusqu'à cinq avant que le gros caillou tombe contre la roche. D'un regard, les quatre amis se comprennent : il y a sous leurs pieds une caverne qu'il faut absolument explorer !

Pendant la Seconde Guerre mondiale, après la signature de l'armistice du 22 juin 1940, une grande partie de la France est « occupée » par les troupes allemandes. Montignac fait partie de cette zone.

Le chocolat est une friandise de luxe en cette période de pénurie alimentaire, et le troc est courant. À partir d'octobre 1940, des tickets de rationnement, destinés à être échangés contre des aliments de base, sont distribués à la population.

« Rendez-vous jeudi, ici, à 14 heures ! » propose Marcel.

D'ici là, ils pourront préparer leur expédition. Marcel réfléchit au matériel.

« J'apporterai ma lampe à pétrole et deux pelles.

– Et moi, de la corde ! » ajoute Jacques.

Simon prendra son coutelas pour couper les ronces.

« Et pas un mot aux parents ! conclut Georges. Motus et bouche cousue ! »

Le grand jour arrive enfin. Les garçons commencent par agrandir l'entrée du passage avec leurs pelles et heurtent de nombreux cailloux.

Marcel vérifie ensuite que ses deux jambes peuvent passer.

« C'est bon ! Donne-moi la corde, Jacques ! »

Solidement harnaché, sa lampe à pétrole dans une main, Marcel s'enfonce sous terre. Georges et Simon tiennent l'autre extrémité de la corde et observent avec Jacques la lueur de la lampe disparaître peu à peu.

Au bout d'un long conduit rocheux, à plus de six mètres de profondeur, Marcel sent un éboulis sous ses pieds. Il trébuche, puis avance doucement sur le sol en pente. Le cœur battant, il éclaire les parois autour de lui.

« Marcel ! Marcel ! Tu vois quelque chose ? » demande Georges, toujours en haut, les mains en porte-voix.

Son ami ne répond pas. Il est sous le choc. Des dessins, immenses, recouvrent la roche claire d'une immense salle.

« Descendez, les gars ! »

Quelques minutes plus tard, ils sont tous là, les yeux écarquillés dans la demi-obscurité.

« Oh ! Ce sont des taureaux ! s'exclame Simon.

– Des aurochs, rectifie Jacques, qui a bien retenu les leçons de monsieur Laval, l'instituteur.

– Et là ! Des cerfs ! On reconnaît leurs bois ! » s'extasie Georges.

Les couleurs et les traits sont intacts, comme conservés dans un écrin de pierre.

Les peintures paléolithiques de Lascaux datent de 15 000 ans avant J.-C. Très vite, la lumière et le souffle des respirations des milliers de visiteurs dégradent les fresques. La grotte est fermée au public en 1963. C'est sa reproduction créée juste à côté, appelée « Lascaux 2 », qu'on visite aujourd'hui.

Marcel continue à avancer dans une galerie plus étroite. Sur sa droite, des petits chevaux à la crinière noire et à la robe ocre semblent figés dans leur galop. Et une vache rouge, au-dessus, s'apprête à tomber dans un piège, pour l'éternité.

« C'est magnifique ! » murmure Marcel.

Le silence règne dans la grotte de Lascaux. Les quatre explorateurs veulent attendre, encore un peu, avant de partager leur incroyable découverte : un passage secret vers la Préhistoire !

La légende de la Dame Blanche

Le château du Haut-Kœnigsbourg

« Nous sommes bientôt arrivées ! Regarde les tours, là-haut ! »
Sur la route qui mène au château du Haut-Kœnigsbourg, la mère de Mila, au volant de sa voiture, s'extasie face à cette forteresse perchée à plus de sept cents mètres de hauteur, dans la plaine d'Alsace.
Assise à l'arrière, Mila, elle, reste silencieuse. Certes, le château en grès rose, taillé dans la montagne, l'impressionne, mais elle appréhende surtout l'aventure qui l'attend entre ses murs, pendant près de deux semaines. Pour la première fois, Mila va participer au tournage d'un film.
« C'est une superproduction. Le réalisateur est très connu ! » a dit sa mère quand la directrice de casting a annoncé que Mila était retenue. Elle va jouer le rôle de la fille de la reine des elfes, et elle espère que son costume et sa coiffure ne seront pas ridicules !
« Je suis sûre qu'il y aura d'autres enfants avec toi, ça va être super ! » l'encourage sa mère en attrapant sa valise dans le coffre.

Elles s'avancent toutes les deux vers la première entrée de la forteresse, dont la voûte en pierre est ornée d'un blason richement sculpté. Une fois franchie la herse de la seconde porte, qui protégeait le château des intrus, Mila et sa mère découvrent la cour basse, où vivaient serviteurs et artisans. L'endroit est aussi animé qu'au Moyen Âge !
Mila ouvre de grands yeux. Dans l'auberge qui accueillait autrefois les voyageurs, des hommes en jeans et baskets discutent avec des chevaliers pendant que des lutins pianotent sur leur ordinateur portable. Près de l'ancienne forge, des techniciens installent des caméras et, au pied du moulin à vent, d'autres placent un immense décor.
« C'est incroyable ! s'exclame-t-elle.
– Bonjour, je m'appelle Hugo ! »
L'étrange personnage qui la salue porte une combinaison en faux poils et un masque de monstre édenté au nez et aux oreilles gigantesques.
« Euh… bonjour ! Moi, c'est Mila, répond la jeune actrice, en reculant légèrement.
– Pardon ! J'enlève ma tête de troll ! On étouffe, là-dessous… »
Le garçon qui apparaît est très charmant et Mila se sent rougir. Sa mère est en grande conversation avec l'accessoiriste et Hugo lui propose de lui faire visiter le château.
« Tu vas jouer dans le film, toi aussi ? demande-t-il pendant qu'ils empruntent l'escalier aux marches irrégulières qui mène au pont-levis.
– Oui… mais je ne sais pas trop comment ça se passe, avoue Mila.
– Ce n'est pas très compliqué, tu verras. Moi, c'est mon troisième tournage ! » se vante Hugo.
Les deux enfants viennent de franchir la porte des Lions. Encore quelques marches, et Mila découvre la cour intérieure du château, avec ses galeries en bois.
« Alors, on s'amuse bien, les enfants ? les interpelle un homme, un trousseau de clés accrochées à la ceinture.
– Salut, Roger ! » répond Hugo.
Roger est le gardien du Haut-Kœnigsbourg. Il explique à Mila que le château resta longtemps en ruine, avant d'être restauré à partir de 1900 par un empereur allemand nommé Guillaume II. Dans la salle du Kaiser, un aigle doré, au plafond, est là pour rappeler sa puissance.
« Mais il ne fut jamais le véritable seigneur du château, ajoute Roger, l'air mystérieux…

– Ah ? interrogent Hugo et Mila, soudain intrigués.

– Non ! C'est la Dame Blanche qui règne ici depuis des siècles ! annonce le gardien. Si vous vous promenez dans le donjon, vous la croiserez peut-être…

– Pourquoi ? insiste Hugo.

– La légende raconte que cette femme vêtue de blanc hante le château pour une raison inconnue. La nuit de la Saint-Sylvestre, elle en fait trois fois le tour, puis monte au donjon d'où elle contemple la plaine. Elle rit si l'Alsace est heureuse, ou pleure et prie si elle est dans le malheur… »

Roger affirme l'avoir aperçue deux fois, un 31 décembre, mais aussi en plein été. Mila a bien envie de rentrer tout de suite avec sa mère puisque ce château est hanté mais, au fond, elle est très excitée à l'idée de croiser, elle aussi, le fantôme.

La première journée de tournage s'achève, puis la deuxième. Dans la tour qui mène au donjon, le cœur de Mila et de Hugo bat chaque fois qu'ils montent les escaliers, persuadés d'apercevoir l'étoffe blanche d'une longue robe. Quand ils jouent dans les jardins médiévaux ou dans les pièces du Grand Logis, le jour ou à la nuit tombée, ils ne peuvent s'empêcher d'y penser. La Dame Blanche va-t-elle surgir, derrière un buisson ou au détour d'un couloir ?

Le troisième soir, Mila la voit ! Elle vient d'entrer dans la chambre de l'impératrice ! Le ventre noué, les mains moites, elle regrette que Hugo soit retenu au maquillage. Mais au moment où la porte s'ouvre de nouveau, c'est l'actrice qui joue la reine des elfes qui surgit devant elle !

Les deux amis finissent par ne plus croire à la légende. Et ils s'amusent beaucoup à interpréter la gentille elfe et le méchant troll.

Un jour, ils arpentent le chemin de ronde. Midi vient de sonner et ils ont décidé de faire leur pause déjeuner dans le Grand Bastion.

C'est alors qu'une très jolie jeune femme apparaît devant eux. Elle semble flotter au-dessus du sol, et sa robe d'un jaune étincelant les éblouit de sa lumière. La demoiselle fait apparaître une clé d'or, et invite d'un geste les enfants à la suivre vers une petite porte, qu'ils n'avaient encore jamais remarquée. Elle tourne la clé dans la serrure, pousse le battant, et là, Mila et Hugo découvrent une montagne de pièces d'or et de bijoux précieux.

« Ohhh ! » laisse échapper Mila.

Son cri provoque une obscurité totale, et la jeune demoiselle à la robe jaune disparaît instantanément.

« Roger ne voudra jamais nous croire ! » souffle Hugo, encore sous le choc de cette vision.

Quelques minutes plus tard, à la table de l'auberge, Mila et Hugo terminent leur récit.

« Et le trésor, où est-il ? demande Roger, déjà prêt à remplir un sac de pièces d'or.

– La porte a disparu ! Dès que j'ai crié, c'est comme si tout s'était arrêté ! explique Mila.

– C'est incroyable, murmure le vieux gardien. Je n'aurais jamais cru qu'une autre dame errait dans ce château. »

Hugo et Mila réfléchirent longtemps à cet événement incroyable. Ils en parlèrent peu au début, puis ils racontèrent aux uns et aux autres qu'une très belle femme, gardienne du trésor du château, n'apparaissait qu'une fois tous les cent ans, à midi, aux personnes nées… un dimanche, comme c'était le cas pour tous les deux. Si on laissait échapper un cri d'émerveillement face au trésor, le charme s'interrompait. Au contraire, si on restait silencieux, le trésor vous appartenait.

Bien après le tournage de *La Guerre des trolls*, et au-delà de la plaine d'Alsace, une nouvelle légende se répandit : celle de la Demoiselle à robe jaune du château du Haut-Koenigsbourg. Et un producteur compte bien… en faire un film !

La chasse au trésor

Le fort Boyard

« Nous remercions monsieur de Beaugrimond pour cette passionnante conférence sur Fort Boyard ! »

Dans la salle des fêtes de Fouras-les-Bains, Théo et Gaspard applaudissent avec fierté leur grand-père, visiblement ému par les compliments de Monsieur le maire. Depuis qu'ils ont appris que leur ancêtre, maréchal d'Empire, a participé à la bataille de l'île d'Aix en 1809 sur l'emplacement stratégique du fort militaire, ils se passionnent eux aussi pour sa construction aux multiples péripéties. Défi impossible pour Vauban, finalement relevé par Napoléon pour combattre les Anglais, et achevé en 1866.

Par la fenêtre, Théo aperçoit, au milieu de l'océan, le vaisseau de pierre à trois ponts, figé sur son banc de sable, qu'il espère bien pouvoir un jour explorer…

« Le fort est presque en ruine. C'est trop dangereux ! » lui répète Grandpa chaque fois qu'il le supplie d'y accoster avec Gaspard et leurs cousins.

Le fort servira de PRISON de 1870 à 1872. Des soldats prussiens (guerre franco-allemande) ainsi que des prisonniers politiques de la Commune, un mouvement révolutionnaire, y seront enfermés.

Les cousins ! Théo allait presque oublier que Nina, Mattéo et Félix arrivaient ce soir ! Il veut leur montrer les cartes qu'il a dénichées au grenier. Tous les cinq sont persuadés que le fort n'a pas livré tous ses mystères, et qu'il y aurait...

« Grandpa ! C'est exprès que tu ne leur as pas parlé du trésor ? murmure Gaspard, pendant qu'ils rejoignent leur voiture.

– Chut ! » répond Grandpa avec un clin d'œil, sans remarquer qu'un homme les suit depuis tout à l'heure et les écoute, très attentivement.

Une semaine plus tard, alors que les vacances se poursuivent au rythme des après-midi sur la plage, les cinq cousins apprennent qu'ils vont rester seuls, tout un week-end ! Grandpa et Grandma doivent se rendre à un congrès à La Rochelle et leurs parents sont retenus à Paris.

« Génial ! s'exclame Nina. On va pouvoir manger ce qu'on veut, dormir dans le jardin...

– Et surtout, on va chercher le trésor ! s'écrie Gaspard, en étalant le plan des cellules et des soutes où étaient entreposés les vivres.

– En route pour Fort Boyard ! » renchérit Félix.

La fenêtre de sa chambre est grande ouverte et, derrière les hortensias, se faufile une ombre, très discrètement.

Le lendemain matin, c'est l'heure des dernières recommandations.

« Théo, à seize ans, c'est à toi que revient la responsabilité des plus petits, lui répète son grand-père en montant en voiture.

– Ne t'inquiète pas, je garde souvent Gaspard à la maison.

– Fais-moi confiance, Grandma, je m'occupe de tout ! » renchérit Nina.

Elle se sent beaucoup plus mûre que son cousin et elle ne comprend pas pourquoi ce serait lui le chef, après tout !

« Bon ! On réveille les petits ? » propose Théo.

Mattéo et Félix sont en pyjama dans le couloir de l'étage, complètement affolés.

« Gaspard n'est plus dans son lit ! On le cherche partout !

– Il est peut-être sur la plage, les calme Théo.

– Non, pas vraiment… réplique Nina, un papier à la main. Il y avait ce mot sur sa couette », ajoute-t-elle, la voix étranglée par l'émotion.

Si vous voulez récupérer votre frère sain et sauf, rendez-vous à Fort Boyard avec la carte qui mène au trésor…
Barbe-Noire

« J'appelle Grandpa tout de suite ! s'affole Nina.
– Non ! Il préviendra la police et cela risque de mal tourner pour Gaspard ! » réplique Théo.
Fou de roman d'aventures, il voit surtout une occasion de pénétrer dans le fort !
« Et la carte ? Et le trésor ? On les a pas ! fait remarquer le petit Félix.
– On va se débrouiller… affirme Théo. J'ai un plan… »
« Déjà ? » pense Nina, pas du tout rassurée.

À marée haute, les quatre marins s'embarquent, la peur au ventre. Une légère brume fait paraître le fort presque irréel. Nina et ses frères se cachent sous une couverture. S'il les guette, le voleur doit croire que Théo est seul à bord.

« Comment ce “pirate” a-t-il pu savoir, pour le trésor ? s’étonne la jeune fille.
– Gaspard en parle tout le temps : à la boulangerie, à la plage… Des oreilles mal intentionnées ont dû finir par l’entendre », répond Théo, à la barre du bateau.
« Pourvu qu’il ne lui arrive rien », prie Nina.
Elle vient d’envoyer, honteuse, un texto à ses grands-parents pour dire que tout allait bien.
Au bout de quelques minutes, ils sont assez près de l’éperon rocheux où les marches mènent à la porte du fort. La muraille de pierre, percée avec une régularité méticuleuse de fenêtres aux barreaux de fer, toutes semblables, est impressionnante. Un pneumatique a déjà jeté l’ancre.
« J’y vais ! » souffle Théo, les pieds dans l’eau.
La lourde porte en fer n’est pas verrouillée. Il monte un grand escalier, couvert de mousse, et soudain un rayon de soleil attire son regard. Le voilà arrivé au premier étage des coursives. Théo découvre enfin la majestueuse cour intérieure de la forteresse, dont il a rêvé tant de fois. Son regard est attiré par l’horloge, puis il regarde de l’autre côté de la cour, vers la vigie. Sur la terrasse, « Barbe-Noire », attifé d’un bonnet de marin et d’un ciré, semble l’attendre tranquillement, entre deux des soixante-quatorze canons rescapés de la ruine.
« As-tu la carte ? » demande-t-il.
Théo montre un rouleau de papier et répond en criant aussi fort qu’il peut :
« Elle est là ! Mais d’abord, je veux voir mon frère ! »
« C’est bon, Nina et les petits ont dû m’entendre », se dit-il.
« Regarde ! ricane le pirate en désignant la vitre de la vigie, où apparaît la silhouette de Gaspard.
– Viens chercher la carte, maintenant ! » s’écrie Théo en détalant brusquement dans la coursive.
Le voleur se dépêche de rejoindre les escaliers. Aidé par Nina, Mattéo et Félix, Théo ouvre alors sur les trois étages les portes des cellules, les unes après les autres, en échappant sans cesse à la vue de Barbe-Noire. Grâce au plan, appris par cœur, ils connaissent tous les passages qui traversent le fort. Puis Théo lance des fumigènes, qu’il avait soigneusement cachés dans son blouson.

« Fort Boyard n'aime pas les intrus ! Tu as réveillé sa colère, Barbe-Noire ! » hurle Nina, cachée au rez-de-chaussée.

Le voleur de trésor ne sait plus où donner de la tête, et court dans tous les sens. Épuisé, il s'écroule dans une cellule, sur la planche qui servait de lit aux soldats.

Clic-clac !

Mattéo vient de l'enfermer à double tour !

« La clé était restée sur la porte, pas de chance ! lance-t-il à l'affreux bonhomme, pris au piège.

– Bravo ! crie Nina. J'appelle la police ! »

Après avoir dégagé la poutre qui bloquait la porte de la vigie, Théo, Nina, Mattéo et Félix libèrent Gaspard et le serrent dans leurs bras.

« J'ai une surprise pour vous, les amis ! annonce le petit garçon.

– Ah ? répondent les autres en chœur.

– À force de tourner en rond ici, j'ai eu l'idée de tester toutes les dalles du sol, et regardez ce que j'ai trouvé, protégée dans une bourse en cuir ! »

Dans sa main, Gaspard tient précieusement une boussole en or. Fort Boyard détenait bien… un trésor !